指向[illegible]思维而教的数学教学

夏忠一 著

福建省第二届小学名师培养丛书

海峡出版发行集团
THE STRAITS PUBLISHING & DISTRIBUTING GROUP
福建教育出版社

图书在版编目（CIP）数据

指向为思维而教的数学教学/夏忠著. —福州：福建教育出版社，2021.3（2022.1重印）
（福建省第二届小学名师培养丛书）
ISBN 978-7-5334-8917-5

Ⅰ. ①指… Ⅱ. ①夏… Ⅲ. ①小学数学课—教学研究 Ⅳ. ①G623.502

中国版本图书馆CIP数据核字（2020）第239102号

福建省第二届小学名师培养丛书
Zhixiang Wei Siwei Er Jiao De Shuxue Jiaoxue
指向为思维而教的数学教学
夏 忠 著

出版发行	福建教育出版社 （福州市梦山路27号 邮编：350025 网址：www.fep.com.cn 编辑部电话：0591-83726908 83727542 发行部电话：0591-83721876 87115073 010-62027445）
出 版 人	江金辉
印　　刷	北京一鑫印务有限责任公司 （北京市顺义区北务镇政府西200米 邮编：101300）
开　　本	710毫米×1000毫米 1/16
印　　张	12.75
字　　数	202千字
版　　次	2021年3月第1版 2022年1月第2次印刷
书　　号	ISBN 978-7-5334-8917-5
定　　价	32.00元

总 序

教学主张：教师从优秀走向卓越的专业生长点

教学主张是名师教学的内核和品牌，缺乏教学主张，或者教学主张不鲜明、不坚定，就称不上是真正意义上的名师。无论是名师个体的自我成长还是名师工程的定向培养，主张的提出是关键（前提），主张的研究是核心（中心）。

教学主张是名师的教学思想、教学信念。思想来自于思考，优秀教师在教学实践活动中都会自觉不自觉、有意无意地对相关问题进行思考，并在此基础上产生或形成对教学的一些看法、想法、念头、观点，我们将其统称为教学思考。这些思考不乏是有价值的见解，但总体而言，是相对零散，不够系统的；是相对浅层，不够深度的；是相对模糊，不够清晰的。只有经过理性加工和自我孵化，教学思考才能提升和发展成为教学思想。教学思想是教师对教学问题的系统的、深刻的、清晰的思考和见解，它具有稳定性和统领性。稳定性意味着思想一旦形成，不容易改变；统领性指的是对教学行为的影响力，行为是由思想而生的。

教学主张是名师的“个人理论”，它来自实践又高于实践。理论来自实践，优秀教师在教学实践活动中都会形成和积累一些行之有效的做法、招数、策略、特点、亮点，我们将其统称为教学经验，这是真正原生态、原发性的东西。我们认为，相应的实践经验无疑是促进理论滋生的最有价值的资源，教师的个人理论一定是来自教师个人的实践和经验，但是，由实践到理论，由个人经验到个人理论，这个过程不是自发产生和实现的。名师不仅要有实践意识，而且需要有理论自觉，一方面把自己的经验，把自己的所行、所见、所闻、所得加工、提炼、升华为理论；另一方面，用先进科学的理论反思、批判、充实、引领自己的实践和经验。通过这样的双向互动，把自己的经验要素转化为充满思维和智慧含量、可资借鉴（更具有普适性和启发性）的“理论因子”，从而不断形成和完善自己关于教学的“个人理论”，这就是教学主张的内核。

总之，教学主张引领教师从教学思考走向教学思想，从教学经验走向教学理论，这是教师从优秀走向卓越从而实现自我超越的根本支点。对名师个人而言，提出教学主张就是给自己树立一面旗帜！打造一只“天眼”！大凡成功的、有影响的教学名师和流派均有自己鲜明的、独特的、坚定的教学主张，教学主张是教师走向教育家的必经之路。因此，提出教学主张不仅是名师个人成长的关键环节，也是名师工程培养名师的核心抓手。

名师不仅要敢于、善于提出教学主张，而且还要围绕教学主张系统开展研究，它主要包括以下两个方面：

一、教学主张的理论研究

这一研究类似于学者、专家的学术研究，它使名师研究区别于普通教师的所谓校本研究。理论研究的过程是理论思维的过程，是一种形而上的研究。恩格斯曾经精辟地指出：“一个民族想要站在科学的最高峰，就一刻也不能没有理论思维。”中小学名师的教学理论研究就是对自己教学主张的理论论证，它要求教师暂时搁置自己的实践和经验，在理论的高度和轨迹上进行系统和抽象的论证和阐明，从而把自己的教学主张阐明得深刻、清楚、丰富，有逻辑性、有思想性。这个过程对一线的教师是个巨大的挑战，但是名师必须接受这个挑战，并在这个挑战中实现自我突破、自我超越、自我提升，这样才能从普通教师走向教育家。

理论研究的内容和要点主要有：

1. 教学主张的概念和内涵界定。提出一个主张意味着提出一个或若干个概念，理论研究都必须从概念界定开始，概念界定也就是界定概念的内涵和外延。关于概念的界定，有必要强调两点：第一，要基于概念的本意，任何概念都有自己的本质内涵，它是在历史的过程中形成的人类共识，名师的概念解读要以此为出发点和起点。第二，要有自己的新意，名师对教学主张及其概念要是没有自己独特的见解、看法和感悟，那么这个主张及其研究就没有多大的价值和意义。名师一定要善于从不同角度和方面去挖掘、揭示和阐述概念的内涵，这是把教学主张写得丰满和厚实的逻辑前提。

2. 教学主张的理论基础和依据。理论基础是某种主张、某种观点立论的理论依据。任何新主张、新观点都不可能是凭空产生的。名师的教学主张、观点，它的提出和发展同样有其理论基础。教师在提出教学主张的同时，一定要从哲学、认识论、心理学、教育学等学科去寻找其立论的依据。关于理论基础与教学主张的关系，我们要特别强调“有机性”三个字。有机性指两者之间的关系是内在的，不是外加的，就像地基与房屋的联系是一体的而不是拼凑的一样。名师一定要把教学主张的最直接的最核心的理论基础找出来、挖出来，务求准确、简洁、到位，并把两者的内在的逻辑联系揭示清楚，使其成为一个有机的理论体系。

3. 教学主张的具体观点和内容。这是名师研究的中心任务。概念界定和理论基础的寻找只是研究的前奏和起点，教学主张的观点和内容的展开才是研究的重头戏。教师一定要根据教学主张研究的主题、概念内涵和理论基础，从学科教育教学的不同方面和角度去挖掘、构建、提炼教学主张的核心要点，并加以系统阐述，使其成为一个结构和体系。所谓“横看成岭侧成峰，远近高低各不同”，对一个问题要从尽可能多的角度去思考，才能认识更全面、更透彻、更有新意。

二、教学主张的实践研究

这一研究本质上就是中小学教师的行动研究，它使名师研究区别于专家、学者的所谓学术研究。实践研究就是行动研究，是一种形而下的研究。

名师的实践研究的主要内容包括：

1. 教学主张的教材化研究——使教学主张有根有源。教学主张作为名师思想和智慧的结晶，是名师钻研和解读教材的独特视角，是名师发现、挖掘教材新意的探测器。正如尼采所说：有各式各样的“眼睛”，因而有各式各样的“真理”。名师要用主张来统领、解读教材，这是给教材注入、渗透主张、思想、智慧的过程，使教材个性化、生命化；与此同时，不断从教材中挖掘和提炼出体现和反映教学主张的内容和意义出来，使主张变得厚重、丰富，有根有源。

2. 教学主张的教学化研究——使教学主张看得见、摸得着。教学主张不仅要进入教材，还要进入教学。教学主张的教学化研究，简单的说就是要用教学主张作为教学的导向，并将其融入教学实践的每一个“毛孔”，使名师的教学活动“烙上”自己的思想和个性，进而形成自己的风格。著名特级教师于漪说的好：“教出自己个性的时候，才是学生收获最大的时候。”而教出风格的时候，才是名师成熟的时候。

3. 教学主张的人格化研究——使教学主张名师化、精神化。教学主张不但要进入教材、进入教学，还要进入教师本人，成为教师人格的一部分和特征。名师的主张不仅通过教材、教学表现出来，还要通过名师自己的生活和为人表现出来，这样才更令人信服。

三年来，我们坚定地要求和不遗余力地指导名师培养人选提炼教学主张并围绕教学主张开展深度的研究，这是我们名师培养工程的主题、主线索、主工作。现在摆在我们面前的一本本专著就是这一研究的代表性成果。三年之前，不仅学员，就连我们名师工程的专家委员，都觉得，这是一项不可能完成的任务。名师就是要做“不可能实现的事情”。我们欣慰地看到，不少名师培养人选通过三年的刻苦努力，实现了专业发展的自我蜕变和自我超越，成为真正意义上的名师了。

作为名师培养工程的一名导师，笔者深深地感到：名师是可以培养的，而培养的法宝就是教学主张。

福建省中小学名师培养工程专家工作委员会　余文森

目 录

第一章 “为思维而教”是什么？

“为思维而教”是什么？这是对教学主张产生的理论与实践的追问，本章节从背景分析、理论基础、内涵诠释、基本原则、策略架构五个层面对“为思维而教”教学主张进行了追根溯源的阐述。

第一节 背景分析

数学是思维的体操，数学是思维活动的教学，这既是对数学的美誉，更是褒奖数学是发展学生思维的巨大功臣。“为思维而教”教学主张，是源于笔者三十多年来对数学思维教学的关注、实践与研究。其产生的背景，是基于以下六个方面的诉求。

一、基于数学学科特质的诉求

数学是研究数量关系和空间形式的科学，集逻辑性、抽象性、应用性于一体。数学学科的特质决定了无论是过去、现在、还是将来，数学课堂都应该基于思维而教，围绕思维而学，让学生获得良好的思维启迪，能自觉地用数学的思维方法去观察、分析社会，解决现实问题，进而提升学习质量、生活质量乃至人生境界。通过数学教学使学生一天比一天智慧，一天比一天聪明。因此，努力促进学生思维的发展与理性精神的养成，是数学学科教学的应然追求。

二、基于实现课程目标的诉求

发展思维是2011年版《义务教育数学课程标准》的重要目标。课程目标分为总体目标和具体目标。总体目标包含四个方面：知识技能、数学思考、问题解决、情感态度，每一个方面的内容都蕴含着丰富的数学思维。总体目标明确指出通过义务教育阶段的数学学习，学生能获得适应社会生活和进一步发展所必需的数学的基础知识、基本技能、基本思想、基本活动经验。体会数学知识之间、数学与其他学科之间、数学与生活之间的联系，运用数学的思维方式进行思考，增强发现和提出问题的能力、分析和解决问题的能力。了解数学的价值，提高学习数学的兴趣，增强学好数学的信心，养成良好的学习习惯，具有初步的创新意识和科学态度。

具体目标中的四维目标明确指向发展数学思维。知识技能目标中的“经历数与代数的抽象、运算与建模过程”“经历图形的抽象、分类、性质探讨、运动、位置等过程”；问题解决目标中的“初步学会从数学的角度发现问题和提出问题”“初步形成评价与反思的意识”；情感态度目标中的“养成认真勤奋、独立思考、合作交流、反思质疑等学习习惯”。数学思考的四条具体目标更是集中体现数学思维：“建立数感、符号意识和空间观念，初步形成几何直观和运算能力，发展形象思维和抽象思维”“体会统计方法的意义，发展数据分析观念，感受随机现象”“在参与观察、实验、猜想、证明、综合实践等数学活动中，发展合情推理和演绎推理能力，清晰地表达自己的想法”“学会独立思考，体会数学的基本思想和思维方式”。

三、基于发展核心素养的诉求

发展思维是数学核心素养的学科表达，主要体现在以下三个方面的论述：

一是《中国学生发展核心素养》的要求。《中国学生发展核心素养》涉及六大素养，其中科学精神和学会学习两大素养包含的要点都是指向发展学生的数学思维。科学精神包括理性思维、批判质疑、勇于探究等基本要点。理性思维是一种有明确的思维方向、有充分的思维依据，能对事物或问题进行观察、比较、分析、综合、抽象与概括的思维。批判质疑是敢于质疑的理性的逻辑思维，是对现象、观念、想法的一种不迷信权威、不轻信经验、敢于质疑所谓真理的态度，也是一种精神：抱着严谨的态度去理性地分析，有逻辑地思考，找到解决问题的办法，理性地看待事物，让人信服。勇于探究是在新情境中对关键问题的拓展性思考，侧重表现为思维的深刻性、发散性和创造性。勇于探究是方法、思维、精神各类素养的综合体现。学会学习包括乐学善学、勤于反思、信息意识等基本要点。这三个基本要点同样指向思维的各种倾向，乐学善学体现思维的合理性，勤于反思体现思维的批判性，信息意识体现思维的分析、综合、抽象与概括等思维方式。

二是六大数学素养的要素。修订版普通高中数学课程标准，把数学抽象、逻辑推理、数学建模、直观想象、数学运算和数据分析作为发展学生的 6 大数学素养，它们的基本要素均指向发展学生的数学思维。

三是史宁中教授的观点。东北师范大学，中小学数学课程标准修订组组长史宁中教授认为："学生核心素养的培养，最终要落在学科核心素养的培育上。学科核心素养是指学科的思维品质和关键能力。其中思维方法主要包括形象思维、逻辑思维和辩证思维。如数学学科主要培养的是逻辑思维，而逻辑思维主要包括演绎和归纳。"史教授的观点也明确指向发展学生的数学思维。

四、基于时代创新发展的诉求

未来世界的竞争，就是创新人才的竞争，就是创新思维的竞争。时代呼唤创新思维人才，创新思维人才要从小培养。站在世界发展竞争的高度，习近平总书记明确指出，希望广大教师做锤炼学生品格的引路人，做学生学习知识的引路人，做学生创新思维的引路人，做学生奉献祖国的引路人。总书记的话高瞻远瞩，面向世界，面向未来。“为思维而教”契合时代创新发展的需求，追求三个“引领”：引领学生自己发现和提出问题，打牢创新思维的基础；引领学生独立思考、学会思考，涵养创新思维的关键能力；引领学生学会归纳概括得到猜想和规律，并加以验证，掌握创新思维的重要方法。

五、基于改变教学现状的诉求

时下的数学教学，在学生思维素养的培养上，已引起广大教师的重视，呈现出良好的气象，这非常值得欣慰。但笔者从随堂听课及学生考试的错题来看，大部分数学教学离真正有思维的教学，还是有一定的距离的，学生的思维并未真正发生，主要体现在以下四种现象。

其一灌输式。有的教师仍采用灌输式教学方式，学生的思维基本没有发生，有的也仅是浅层次发生。例如，教学“图形的面积公式”，直接就告知公式是什么，背下来，接着就进行大量的练习，至于公式的推导过程，公式背后的理由，在这样的课堂上是看不见的。从质量监测的试题可见一斑，“请你画图并说说平行四边形面积公式的推导过程”，这是指向过程性的命题，是目前命题的一大趋势，既监测教师的教学情况，有无让学生展开操作推导平行四边形面积公式的过程，又监测学生对公式由来的掌握情况，是一道好题，可结果呢？这道题的得分并不高，有的学生直接写，平行四边形的面积等于底乘高；有的学生则说，老师没有教过。

其二演示式。有的教师仍采用我演你看，我说你听的教学方式，学生的思维并未真正发生，很多时候是假发生。例如，教学“平行四边形的面积公式推导”，教师课件演示：把平行四边形沿高剪开，平移，拼成一个长方形，由长方形的面积等于长乘宽，推出平行四边形的面积等于底乘高，认为就好了。至于驱动学生数学思考的问题：为什么要转化？怎样转化？转化后两个图形之间有什么关系等根本没有发生，这只是满足于以教师的思维替代学生的思维，看似发生了，其实是假发生，整个过程学生只是看老师的演示，不需要动脑思考，学生的思维并未得到发展。

其三题海式。有的教师仍信奉题海战术的战斗力，一节课容量超大，一题接一题，一个问题紧接一个问题，以优生的思维替代了其他学生的思维，大部分学生的思维无法发生。

其四思维断层式。有的教师的教学注重直观感知、抽象概括，忽视了感知与抽象的桥梁表象，造成了思维的断层。例如，教学“长方形的周长”，有教师拿出长方形教具演示，指出长方形四条边的和就是长方形的周长，引导学生得出长方形的周长＝长＋宽＋长＋宽＝(长＋宽)×2，并让学生记下来。反思这个过程，教师有让学生理解长方形周长的意思，学生有感知，也有引导学生观察长方形教具得出长方形的周长计算方法，然而从直观到抽象的思维过程过于简单化了，也就是表象建立的环节没有了，就必然出现思维的断层。

六、基于深度学习的诉求

深度学习呼唤高阶思维。深度学习是时代发展的需要，是指在教师引领下，学生围绕具有挑战性的学习主题，全身心积极参与、体验成功、获得发展的有意义的学习过程。在这个学习过程中，需要学生分析、综合、评价、创造等高阶思维的参与，因此，在深度学习的背景下，愈发凸显思维的价值。深度学习指向理解性思维、批判性思维、创造性思维。苏霍姆林斯基说：“真正的学校应当是一个积极思考的王国。”江苏省教育学会杨九俊先生多次强调：“有效思维的长度是评价一堂好课的重要标准。”全国著名特级教师孙双金说：“激活学生的思维是教学最大的道德。”

基于以上多层面的诉求，指向“为思维而教”，发展学生的高阶思维，就显得更为必要与迫切。

第二节　理论基础

理论是行动的指南，实践离不开理论的指导。因此，要探寻“为思维而教”教学主张的理论基础，为实践指明方向。“为思维而教”的理论依据主要来源于认识论、心理学、教学论三个领域。

一是以辩证唯物主义认识论作为哲学基础。

哲学的观点认为：“内因是事物发展的根本原因，外因是事物的必要条件。外因通过内因起作用。”在整个教育发展过程中，学生的学才是内因，而教师的教是外因。把握了这一点，才能把握教育教学的核心。“为思维而教”，把学生的学与思放在首位，凸显作为内因的学生的主体地位。同时，发挥外因通过内因起作用的辩证关系，注重教师的导，以数学思考为主线，以核心问题为统领，以深度对话为抓手，把学与导辩证地统一起来，充分发挥内因与外因的最大作用。

二是以最近发展区理论作为心理学基础。

维果茨基认为，儿童的发展水平包括现有发展水平和潜在发展水平，这两个水平之间的区域，就是儿童的最近发展区。“为思维而教”以学生已有的知识、思维经验等现有发展水平为基础，以核心问题为统领，为学生创设最近发展区，以深度对话为抓手，驱动学生的数学思考，让学生跳一跳摘果子，从而实现现有发展水平和潜在发展水平的顺利转化，促进学生的思维由已知向未知发展。

三是以建构主义理论作为教学论基础。

建构主义学习理论把情境、协作、会话和意义建构作为学习环境中的四大要素。“为思维而教”通过创设问题情境，引发学生个体的数学思考，进而先小组、后全班协作学习，展开师生、生生之间的深度对话，最终实现学生对新知的意义建构，提升学生的数学思维品质，培育良好的思维素养。

第三节　内涵诠释

剖析“为思维而教”教学主张的基本内涵，首先要明晰与思维有关的概念。

一要明晰思维内涵。《现代汉语词典》第六版中对“思维”是这样解释的：思维是在表象、概念的基础上进行分析、综合、判断、推理等认识活动的过程。从这一解释可以看出思维是一个认识活动的过程。在这个思维活动过程中，要用到分析、综合、比较、抽象和概括等思维方法以及概念、判断、推理等思维形式。在思维方法中，分析与综合是最基本的方法，比较、分类、抽象、概括是在分析与综合的基础上派生出来的，是分析与综合的继续和深化。在思维形式中，概念是思维活动中的基本单位，判断和推理都是由概念组成的，是概念的展开和发展。

二要明晰思维活动。在数学学习中，学生获取数学知识、形成数学技能、发展数学能力的思维活动是以对数学知识的感性认识为基础的，经过分析、综合、比较、分类、抽象、概括，逐步达到对数学知识本质和规律的理性认识，然后又运用判断和推理等思维形式，把所学的数学知识应用于实际。这种从数学的角度，从感性到理性的数学认识活动就是数学思维活动。

三要明晰思维方式。从个体发展看，思维由低到高可分为直觉动作思维、直观形象思维、抽象逻辑思维三类；从思维是否具有更多的创新成分来看，可分为再造性思维与创造性思维；从思维方向及方式的不同可分为集中思维与发散思维；从思维的渐进式与跃进式来看，可分为分析思维与直觉思维。而数学教学就是要培养学生的形象思维、逻辑思维、发散思维、直觉思维、创造性思维等数学思维能力。

四要明晰思维品质。思维品质是思维能力的重要标志。数学思维品质是数学核心素养的重要组成部分，表现在思维的深刻性、灵活性、敏捷性、批判性、创造性等，从小学数学教学内容与小学生的认知发展水平来分析，数学思维品质的评价要凸显思维的深刻性、灵活性、批判性。

五要明晰思维习惯。好习惯成就好未来。良好的思维习惯指向于阅读、思考、表达、反思、质疑、整理等习惯，是涵养思维素养的不竭动力。

明晰了与思维有关的概念，我们再来诠释“为思维而教”的内涵。“为思维而教”中的“思维”指向思维方法、思维形式，也指向思维能力、思维品质、思维习惯等；“教”含以学定教、顺学而教、先学后教，是启发、点拨、帮助、感悟、训练、学会、培养的意思。“教”要基于学生的学情和教学内容，促进学生的思维发展。2011 年版《义务教育数学课程标准》指出：“数学教学活动，特别是课堂教学，应激发学生兴趣，调动学生积极性，引发学生的数学思考，鼓励学生的创造性思维；要注重培养学生良好的数学学习习惯，使学生掌握恰当的数学学习方法。”“教”要充分发挥教师的主导作用，辩证处理好“讲”与“学”的关系。对于概念教学，如除法的认识、认识小数、分数的初步认识等，教师就应当采用有意义接受学习的方式组织教学；而对于像小数加、减法，三位数乘两位数等，就适合学生自主发现学习。具体到一节课中，有些内容是需要教师讲的，而有些可以是由学生自主学的，如“倍数和因数”的教学，倍数、因数的概念、关系、特征等是需要教师的讲授的，而找一个正整数的因数和倍数，就可以让学生自主学习。郑毓信教授指出：“教师应当通过数学教学帮助学生学会思维，并逐步学会想得更清晰、更深入、更全面、更合理，包括由‘理性思维’逐步走向‘理性精神’。”其中的四个“更”，从过程的角度凸显数学思考力，从结果的角度凸显培养数学思维品质，更清晰、更深入指向思维的正确性、深刻性；更全面、更合理指向思维的灵活性、独创性；由“理性思维”逐步走向“理性精神”，指向思维的批判性。为此，笔者认为“为思维而教”遵循学生的思维规律，以学定教，教在学生思维的愤悱处，以问启思，帮助学生积累思维活动经验，培育思维品质，涵养数学核心素养。“为思维而教”是时下开展深度教学、深度学习，发展高阶思维的应然之举、应有之义。

第四节　基本原则

“为思维而教”教学主张凸显了数学教学以培养学生的思维品质、数学精神为旨归。贯穿教学主张的基本原则，要以数学思考为主线，以核心问题为统领，以深度对话为抓手，以思维素养提升为旨归。

一要以数学思考为主线。数学思考是从数学的角度展开分析、综合、推理、判断、质疑、反思等理性的、深层的、全面的思维活动，这既是数学课程追求的目标，又是学生必备的数学核心素养的关键能力。数学家陈省身说：“数学是自己思考的产物。首先要能够思考起来，用自己的见解和别人的见解交换，会有很好的效果。但是，思考数学问题需要很长时间。”可见数学学习需要自己思考，需要长时间的思考。“为思维而教”凸显学生的思与学，构建以思为主线的课堂教学模式，通过导中激思、学中启思、练中评思、理中反思、拓中延思，把数学思考从课内延至课外，让数学思考在教学中真正发生。

二要以核心问题为统领。问题是数学的心脏、思维的起点、思考的重要载体，核心问题是驱动数学思考的关键所在，问题串是推进数学思考的根本保证。因此，“为思维而教”正是基于教学目标和学生已有知识经验，直击学习有一定难度，能促进学生思维发展的核心问题，精心设计问题串，激活学生的数学思考，让学生的思维真正发生。例如教学“平行四边形面积”时，教师围绕核心问题“怎样求平行四边形的面积”设计问题串：为什么要转化？怎样转化？转化的依据是什么？转化前后什么变了，什么没有变？转化后的图形与原图形有什么关系？教师要以核心问题为统领，以问题串为抓手，引领学生的思维从迷茫走向明朗，在变与不变中，提升学生思维的深刻性，感受转化策略的价值。

三要以深度对话为抓手。教学中的对话指为了实现数学课程目标，通过教师与学生、学生与学生的相互启发与讨论，促进理解，催生创造的过程。思维是内化的对话，对话是外化的思维。“为思维而教”是基于学生独立思考形成自己的见解后，以深度对话为抓手，在分享、对话、质疑、辨析中求同存异、谋求共识、建构意义，推动思维向纵深发展。例如教学“异分母分数相加减”时，教师在反思环节为了引领学生深度对话可设计如下问题：如何计算异分母分数相加减？为什么要先通分？通分的目的是什么？与之前学过的整数、小数加减法有什么共同之处？由此，学生在对话中明晰整数、小数、分数相加减在本质上是一样的，即都是计数单位的累加或相减。

四要以思维素养提升为旨归。思维素养包含思维能力、思维品质、思维习惯、理性精神等要素。数学品质是数学核心素养的重要组成部分，数学思维品质评价要凸显思维的深刻性、灵活性、批判性。思维的深刻性体现在思维的全面和应变程度；思维的灵活性体现在思维的全面和应变程度；思维的批判性体现在思维的独立性和反思性。“为思维而教”以思维素养提升为旨归，以学生的学与思为中心，创设思考的情境和时空，通过精准加工文本、问题驱动、深度对话，让思维真正发生；再通过画、做、说等思维表达，充分外化学生的数学思考，让数学思维可视化，帮助学生学会想得更清晰、更深入、更全面、更合理，逐步提升学生的数学思维品质，提升学生尊重事实、探寻成因的数学理性精神。

第五节　策略架构

教学主张只有落实到具体的教学实践中，才能体现其应有的学科价值。“为思维而教”教学主张旨在课堂实践中，以数学思考为主线，构建“导中激思—学中启思—练中评思—理中反思—拓中延思”的教学样态。

一是导中激思。导中激思，即在新课的导入环节，通过复习旧知或创设问题情境等，激发学生开启数学思考的大门。教师通过问题指向，或在新旧知识的联结处制造认知冲突，或在学法的迁移处引发猜想，或在课题的破解中引出学习目标等。激发数学思考，吸引学生注意力，为新知的学习积蓄思考能量。

例如，“异分母分数加减法”的教学，课始教师出示直接写得数“$12+8=$，$1.5-0.3=$，$\frac{3}{8}+\frac{2}{8}$，$\frac{1}{2}-\frac{1}{4}$”等算式，学生完成时，教师设问，前3小题中2与8，0.5与0.3，$\frac{3}{8}$与$\frac{2}{8}$为什么能直接相加减？而$\frac{1}{2}$与$\frac{1}{4}$为什么不能直接相加？在新旧知识的联结处设问，制造认知冲突，激发学生数学思考。

又如，“因数和倍数”的教学，课始谈话交流，一说师生关系，夏老师是你们的老师，你们是夏老师的学生；二说爸爸和妈妈的关系，爸爸是妈妈的丈夫，妈妈是爸爸的妻子，让学生明白人与人之间有这种互为依存的关系，即“谁是谁的谁”。那么数学中的数与数之间有没有这种“谁是谁的谁”的关系呢？这就是这节课我们要研究的问题，顺势揭示课题“因数与倍数”。在说关系中唤醒学生认知相互依存关系，从人与人之间的关系引出数与数之间的相互依存关系，激发学生对新知学习的思考。

再如，“小数四则混合运算”的教学课始，教师通过计算“150＋120÷6×5，(40＋4)×25，37×65＋65×63，125×32”等算式，让学生回忆整数四则混合运算的运算顺序和运算律，接着设问：请大胆地猜一猜，整数的四则混合运算顺序和运算律对于小数四则混合运算适用吗？有的学生说“适用”；有的学生说“不一定”；有的学生说“要试一试才知道”。教师追问“你能举例验证吗?”，激发学生举例验证的欲望，引导学生证明自己的想法是否正确。教师在新旧知识的连接处设问，为学生的数学思考找到基点，激发学生数学思考的兴奋点，让学生的思维在猜想验证中得到锤炼。

二是学中启思。不愤不启、不悱不发。学中启思，即在学生学习新知的过程中，教师要通过问题引领、鼓励同伴互助的方式，留足时间，启发学生进行数学思考，让教于学，以学定教，顺学而教，以核心问题调动和组织学生学习，在学生思维的愤、悱处发力，让数学思考在教学中真正发生。例如，教学“平行四边形”时，教师引导学生围绕核心问题“怎样求平行四边形的面积”展开数学思考。在经历“为什么要转化—怎样转化—转化的依据是什么—转化后两个图形之间有什么联系—什么变了，什么没有变”的过程中，学生的思维在智慧对话的启思下，从模糊走向清晰，从肤浅走向深入，从片面走向全面，从感性走向理性，从而感悟数学思想，积累解决问题的经验。

三是练中评思。练习是一节数学课的重心，是培养学生思维品质的重要载体。练中评思，即通过多层练习评价学生的数学思维品质，涵养学生的思维素养。因此，教师要注重练习的设计，通过做、画、说等训练途径，外显学生的思维过程、思维成果，以此评价学生的数学思考力、数学思维品质。

例如，教学“三位数乘两位数”，教师设计选择题：小明在计算3✸9×✸6这道三位数乘两位数的算式时，不小心滴上两滴墨水，这道题的积可能是（ ）。

A. 2954 B. 25764 C. 32645 D. 240054

练习指向评价学生的数学思维品质，从积的个位看，6乘9等于54，个位肯定是4，排除C选项；因为三位数乘两位数积的位数不可能是六位数，排除D选项，剩下选项A和B，把算式的两个数退到最小的情况来考虑，即300×10=3000，A选项比3000小，不可能，排除A选项，至此，推出正确答案是B选项。整道题集个位判断法、位数排除法、最小值法于一体，培养学生思维的灵活性、深刻性、批判性。

又如，教学“10以内加法”，设计开放题“（ ）+（ ）=7”，引导学生说出答案“1、6”“2、5”“3、4”“7、0”。为训练学生的有序思维，教师追问“能否更快地把所有答案都报出来”，引导学生按顺序说出“0、7”“1、6”“2、5”“3、4”。为训练学生的抽象思维，教师问“能否用一句话来概括这道题的答案”，引导学生发现只要括号里的数加起来是7都可以，如(1)+(6)=7，(2)+(5)=7。为训练学生的互补性思维，教师问“为什么第二个括号里第一次填6，第二次填5”，引导学生观察发现，因为第二次前个括号里多了1，所以后个括号里就要减掉1。本道练习指向评价学生的开放思维，一道题集多元思维、有序思维、抽象思维、互补性思维于一体，培养学生的多种思维，促进学生数学思维深刻性、灵活性、批判性等思维品质的提升。

四是理中反思。反思指对自身行为的自觉“检讨”，是学生思维由低级层次到高级层次发展中不可缺失的环节，其目的是积累学习知识、思考问题、解决问题的基本经验，感悟数学思想方法。理中反思，即通过梳理反思所学的知识、经历的过程、体验的情感态度等，促进思维从浅表走向深层。从一节课的视角看，教师可以围绕知识技能、过程方法、情感态度等层面进行反思。例如教学“平行四边形的面积”，教师可以引导学生反思：“从获取知识的角度反思，这节课我们学习了什么知识？你有什么收获？从过程与方法的角度反思，你是如何获取平行四边形的面积公式的？从情感态度的角度反思，在探究平行四边形面积公式的过程中，你遇到了什么困难，是如何克服的？或你还有什么疑问？你还想学习什么知识？”从解决一道题的视角看，教师可以引导学生反思：“审题时遇到什么障碍？你是如何破解的？解答的结果正确吗？分析方法、解答方法正确吗？解决这道题分为几个步骤完成？这一方法，可以解决哪些新的问题?”

五是拓中延思。日本数学家广中平佑认为，没有长期思考型训练的人，是不会深刻地思考问题的。拓中延思，即教师以拓展题为引子，把数学思考从课内延至课外，让学生带着问号走出课堂，努力为学生搭建长时间思考问题的平台，增强学生长时间思考问题的意识。

例如“小数乘小数”的教学中，教师课尾布置拓展题:“计算 0.4444444444444444×0.9999999999999999=?”。16 位小数乘 16 位小数，对学生来说，是非常有挑战性的，打破学生列竖式的常规思维，学生带着问题走出教室，可以进行较长时间的思考，尝试各种解法，在思考的过程中逐渐感悟“化繁为简”的策略，即遇到问题，不从正面进攻，而是根据数据的特点，退到最简单的情况考虑。有学生这样分析：先从最简单的算式入手计算，0.4×0.9=0.36，0.44×0.99=0.4356，0.444×0.999=0.443556，0.4444×0.9999=0.44435556，初步发现规律，积中“4 和 5 的个数比乘数中 4、9 的个数少 1”；再举例 0.44444×0.99999=0.4444355556 验证，得出结果与猜想的规律相一致；最后利用规律轻松解决问题。这个富有思维含量的挑战性问题，能激发学生进行深度的数学思考。学生经历猜想、初步发现规律、验证规律、获得规律、应用规律的过程，积累解决问题经验。

总而言之，培养数学思维是数学教学的永恒追求，真正的数学头脑是思维的头脑，是内省的头脑。“为思维而教”就是要以课堂为主阵地，以数学思考为主线，以核心问题为统领，以深度对话为抓手，把数学思考贯穿课程始终，从课内延展至课外，培养学生长时间思考问题的习惯和能力，提升学生数学思维品质和数学核心素养。

第二章 “为思维而教”教什么？

“为思维而教”教什么？这是对教学目标的追问，是对数学教学本源的思考。从基于培养学生数学核心素养的角度考量，“为思维而教”是教过程、教思考、教表达；“为思维而教”指向于启迪思维方法、培养思维方式、培育思维品质、涵养思维习惯，从而达成学生数学抽象能力、逻辑推理能力、数学建模能力的发展。

第一节 启迪思维方法

达尔文说：“最有价值的知识是关于方法的知识。”正确的方法是学习的阶梯，是走向成功的桥梁。因此，学数学，关键是学方法，即学思维方法，学解题方法。常用的思维方法有：分析、综合、比较、分类、抽象、概括等。常用的解题方法有：分析法、综合法、转化法。辅助的解题方法有：列表法、画图法。特殊的解题方法有：一一列举法、假设法、替换法、以退为进法等。

一、思维方法

小学生学习基本知识、技能，掌握基本规律的过程，就是数学思维活动的过程，这个过程需要用到分析、综合、比较、分类、抽象、概括等思维方法和概念、判断、推理等思维形式。

（一）分析与综合

分析与综合是思维的基本过程，也是重要的逻辑方法，是进行任何思维活动不可缺少的。分析就是在思想中把事物的整体分解为部分，或者把整体的个别特征、性质分辨出来。综合就是在思想中把事物的各部分联合起来，或者把各个特征、性质联合起来，组成为一个整体。用系统论的观点来看，分析的方法即认识组成系统的要素，及诸要素之间的联系，并注意要素在系统中的地位，是从整体到部分的方法；综合的方法即把诸要素结合起来成为有机整体，并注意系统与环境的相互影响，是从部分到整体的方法。分析与综合是相反的过程，同时它们又是紧密地联系着。人们在解决问题时，总是把分析与综合两种方法联合起来应用。如苏教版三年级上册思考题：

在□里填合适的数字。

$$\begin{array}{r} \square 3 \square \\ \times \quad\ 7 \\ \hline 5 \square \square 4 \end{array} \qquad \begin{array}{r} 9 \square 5 \\ \times \quad \square \\ \hline 4 \square 7 \square \end{array}$$

综合看两道题都是三位数乘一位数，告诉我们4个数，积是四位数。分析第一道题，从积的个位思考，什么数乘7个位是4？只有2乘7等于14，被乘数的个位是2。再分析积的十位，3乘7的积加上进位的1是22，积的十位数是2。最后分析被乘数的百位，什么数乘7加上2是50多？7乘7加2等于51，或7乘8加2等于58，这样被乘数的百位数有两种可能，可能是7，也可能是8。综合前面的分析，得到两道算式：732×7＝5124，832×7＝5824。

分析第二道题，从整体来看，9乘什么数积是40多？9乘5等于45，确定乘数是5，积的个位是5。再确定被乘数的十位，5乘什么数加2等于7？5乘1、乘3、乘5、乘7、乘9加2，个位数都是7，这样被乘数十位上的数，可以是1或3或5或7或9。综合前面的分析，可以得到五道算式：915×5＝4575，935×5＝4675，955×5＝4775，975×7＝4875，995×5＝4975。

从以上的解题过程可以看出，解决问题的过程中分析与综合是交替使用的，因此，教学中教师要有意识、有计划地教给学生分析与综合的思维方法。

一要在新知学习中培养分析与综合思维。

数学知识、技能的学习处处都需要分析、综合。如教学苏教版四年级下册“数量关系”，教材内容如下。

首先要让学生分析图中的条件：每支钢笔 12 元，每本练习本 3 元，买 4 支钢笔和 5 本练习本。问题：每种商品的单价各是多少？购买的数量各是多少？从中综合每支钢笔 12 元，每本练习本 3 元都叫商品的单价。分析单价单位的特殊写法，每支钢笔 12 元可以写成 12 元/支，每本练习本 3 元可以写成 3 元/支，从中综合单价是复合单位，写法特殊。

先填写商品的单价和购买的数量，再分别求出总价。

	单价	数量	总价
钢笔	（　　）元/支	（　　）支	（　　）元
练习本	（　　）元/本	（　　）本	（　　）元

学生完成上表后，分析单价与数量的关系，再综合三个数量之间的关系，归纳出“总价＝单价×数量”，再逆推出“单价＝总价÷数量”或“数量＝总价÷单价”。

二要在练习内化中培养分析与综合思维。

练习是培养学生分析与综合思维的有效载体，要通过练习的引导，在内化所学知识技能的同时，培养学生的分析与综合思维。

例如，先说出下列算式商是几位数，再计算。

642÷8　616÷6　750÷5　286÷7

从培养学生分析思维的角度，引导学生这样思考：整体观察算式，因为被除数 642 百位上的“6”比除数 8 小，首位商写在十位上，所以 642÷8 的商是两位数；而被除数 616 百位上的“6”与除数 6 一样大，首位商写在百位上，所以 616÷6 的商是三位数。从培养学生综合思维的角度，引导学生综合：三位数除以一位数，看百位上的数，百位上的数比除数小，商两位数；百位上的数等于或大于除数，商三位数。

又如，不计算，在○里填上“>”或“<”。

72÷4○72÷3　　　　475÷5○505÷5

75÷3○57÷3　　　　360÷6○306÷6

从培养学生的分析思维出发，引导学生这样思考：整体观察算式，第一组的两道除法算式，被除数一样都是 72，除数一个是 4，另一个是 3，4 比 3 大，平均分的每一份会小些，所以 72÷4 的商小于 72÷3；而第二组的两道除法算式，除数 5 一样，被除数 475 比 505 小，平均分的份数就小，所以 475÷5 的商小于 505÷5。而培养学生的综合思维，要引导学生综合：被除数相同，比除数，除数大，商就小，除数小，商就大；除数相同，比被除数，被除数大，商就大，被除数小，商就小。

再如，选择合理的方法计算。

89×99+99　　156－(56+98)　　(125+25)×32

从培养学生的分析思维出发，让学生说出思考的理由：整体观察算式 89×99+99，这是一道两积之和的算式，共同乘数是 99，表示 89 个 99 加上 1 个 99，即 90 个 99；而培养学生的综合思维，要引导学生说，综合以上两个条件，可以应用乘法分配律进行简算，即 89×99+99＝99×(89+1)＝99×90＝8910。观察整道算式 156－(56+98)，因为 56+98＝154，156 本来是减 154，可是被减数 156 与减数 56 的尾数一样，先减 56 方便，所以根据减法性质采用简便算，先减去 56，少减了 98，就要再减 98。培养学生的综合思维，要引导学生说出，综合以上分析，可以根据减法性质简算，即 156－(56+98)＝156－56－98＝100－98＝2。整体观察算式(125+25)×32，这是一道两个数的和与一个数相乘的算式，两个加数与乘数有特殊的关系，综合这两个条件，可以先用乘法分配律、再用乘法结合律简算。即(125+25)×32＝125×32+25×32＝125×8×4+25×4×8＝4800。也可以先算两个数的和，再根据乘法结合律简算，即(125+25)×32＝150×32＝150×4×8＝600×8＝4800。

从以上的分析可以看出，分析与综合是同一思维过程的两个方面，两者是相互联系、相互制约的，没有分析就没有综合；没有综合，分析也就失去意义。

（二）比较与分类

1. 比较

比较，是对数学对象进行选择性编码，而后确定其共同点和不同点的逻辑思维过程。俄国教育家乌申斯基说：“比较是一切理解和一切思维的基础。我们正是通过比较来了解世界上的一切的，如果我们面前出现某种新的东西，我们既不能拿它去同什么东西比较，又不能把它同什么东西区分开来……那么，我们就不能对它形成一种思想，也不能对它说出一句话来。”比较是多方面的，包括量的大小、空间形式、关系结构、数学性质等。小学数学中的许多概念、原理、方法联系紧密，学生容易混淆，教师要引导学生学会比较，分清它们之间的异同，才能正确地掌握概念、原理、方法，如，数位与计数单位，质数与合数，质数与奇数，因数、质因数与分解质因数，商不变规律，分数基本性质与比的基本性质，周长与面积，体积与表面积，体积与容积，乘法与加法，减法与除法等等。对概念、原理、方法等进行比较，首先要把它们的个别部分或个别特征分出来，并认识已分出的部分或特性之间的关系，然后再确定它们之间的异同点。因此，比较是在分析、综合的基础上进行的，同时，又为抽象和概括提供帮助。教学中要着力比较思维的培养。

一要在新知学习中培养比较思维。

比较的主要功能是求同和辨异。新知的学习中需要求同归纳概念、方法、原理，需要辨析形成概念方法、原理的不同之处，才能更好地把握知识的本质。

在梳理计算方法中培养。例如学习“9 加几”，在学生经历了 9 加几的多道分解式算法后，引导学生观察黑板上的算式：

$9+2=9+1+1=10+1=11$

$9+3=9+1+2=10+2=12$

$9+4=9+1+3=10+3=13$

$9+5=9+1+4=10+4=14$

$9+6=9+1+5=10+5=15$

启发学生思考，计算 9 加几的算法有什么共同点？从求同的角度让学生思考、交流 9 加几算法的共同点，都是把较小数分解成 1 加几，先算 9 加 1 等于 10，再算 10 加几等于十几，培养学生的求同思维。

在建构概念意义中培养。例如学习苏教版三年级上册“分数的初步认识”的试一试，出示学生通过折长方形纸表示分数$\frac{1}{2}$的三种情况（

），从求同的角度启发学生思考，设问：这三个图形涂色部分有什么共同点？引导学生分析，发现三个图形涂色部分尽管分法不一样，但都是平均分成两份，每一份都可以用$\frac{1}{2}$来表示。再从求异的角度启发学生思考，设问：为什么三个图形的形状不同，都可以用$\frac{1}{2}$来表示呢？引导学生交流发现，都是把每个图形平均分成两份，每个涂色部分都是占长方形纸的一半，与分成的形状没有关系。通过求同比较抽象概括$\frac{1}{2}$的含义，通过辨析比较深入理解$\frac{1}{2}$的本质属性。

在多维推导公式中培养。例如学习苏教版五年级上册“平行四边形面积公式的推导”，通过学生的研究得出把平行四边形转化成长方形的三种情况（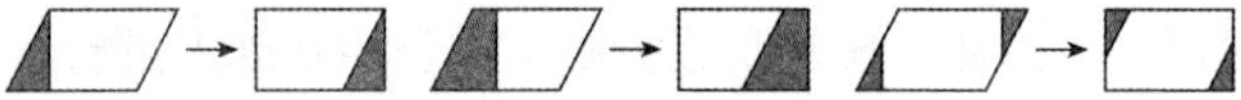），引导学生思考，设问：这三种分解有什么相同的地方？让学生在讨论中明晰，三种分解目的是一样的，都是把平行四边形转化成长方形，即把新知识内化。在求同比较的基础上，设问：三种分解有什么不一样的地方？通过分析比较，第一种分解是将平行四边形沿高剪开，分解成一个三角形和一个梯形，通过平移转化成长方形；第二种分解是将平行四边形沿高剪开，变成两个梯形，通过平移转化成长方形；第三种分解是将平行四边形沿左右两边的中点到底边的两条高剪下，变成两个三角形和一个六边形，通过旋转转化成长方形。通过求同比较，感悟转化思想的价值，把新知识变成已学知识；通过辨析比较，让学生明晰分解的途径是多样的，培养学生的发散思维。

二要在练习达成中培养比较思维。

练习是巩固知识技能，培养思维能力必不可少的环节。在练习达成环节要凸显比较思维的培养。

在算法错误中比较。有的计算题因符号、某个数的不同，给学生造成是是非非的困境，为了帮助学生分清异同，采用题组的形式，通过比较其不同，培养学生的比较思维。

例如，计算 19×99＋99，学生常算成 19×(99＋1)＝1900，面对学生的错误，不急着判断，而是出示：19×99＋19，让学生计算，学生仍算成 19×(99＋1)＝1900，此时，抓住时机，引导学生比较，这两道题一样吗？不一样在哪里？第一题用乘法的意义表示什么意思？第二题用乘法的意义表示什么意思？学生通过比较，不难发现两道题只因加数的不同，一个加数是 99，另一个加数是 19，第一道题的共同乘数是 99，表示 19 个 99 加 1 个 99，等于(19＋1)个 99，第二道算式的共同乘数是 19，表示 99 个 19 加 1 个 19，等于(99＋1)个 19，所以第一道题＝99×(19＋1)＝99×20＝1980，第二道题＝19

×(99＋1)＝1900。

又如，计算126－78＋74＋22，学生常算成126＋74－(78＋22)＝200－100＝100，此时，设计对比题126－78＋74－22，学生在算的过程中产生疑惑，怎么两题的算法是一样的。此时，抓住契机，引导学生比较，两道题不一样在哪里？学生通过比较明确第一道题的22是加数，第二题的22是减数，所以第一道题的减数78是不能与加数22相加的，原式＝126＋74－78＋22＝200－78＋22＝122＋22＝144。比较题中的细微之处，从整体的角度读懂题意，让学生体验审题的重要性。

在辨析概念内涵中比较。概念是推理、判断的基础。为了检测学生是否理解了概念，可以通过设计选择题、题组题进行比较，让学生在比较中进一步理清概念的内涵，培养学生的比较思维。

例如，学习了“梯形的概念”后，有针对性地设计一道选择题：在一张方格纸上画了五个图形，其中是梯形的有（　　），为什么？

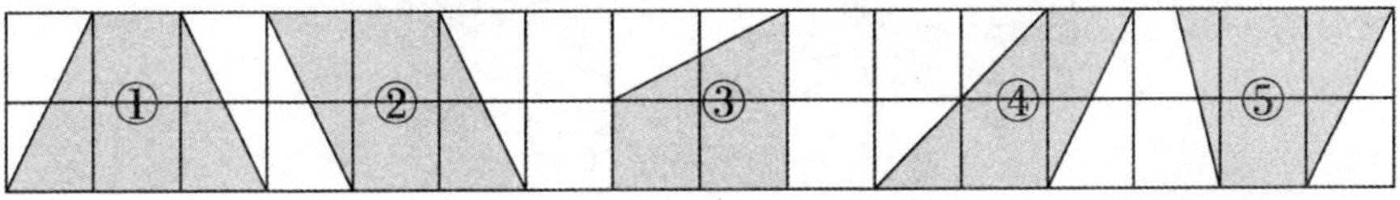

A. ①⑤　　B. ①③⑤　　C. ①②④⑤　　D. ①③④⑤

设计的五个图形的形状，有的是标准图形，如①和⑤，有的是变式图形，如③和④，有的是平行四边形，如②。把梯形的标准图形、变式图形和平行四边形混合在一起，让学生选择，目的是检测学生对梯形概念内涵的本质理解，提升学生的比较思维。在学生逐一选择后，追问为什么要选择D，比一比，这四个图形有什么共同点？在比较中，让学生进一步明晰要根据梯形的内涵“只有一组对边平行的四边形”来选择，抓住概念的内涵，是选择判断的依据。

又如，学习了“长方体的表面积、体积、容积”，学生对这几个概念容易产生混淆，设计题组对比，明晰问题内涵，选择正确思路。

挖一个长8 m，宽6 m，深2 m的蓄水池。

(1) 这个水池的占地面积是多少平方米？

(2) 给这个蓄水池的四周和底部抹上水泥，抹水泥部分的面积是多少平方米？

(3) 这个蓄水池能蓄水多少吨？(1 m^3 的水重1吨)

学生练习后，比一比这三个问题，它们有什么不同？每道题求什么？你是根据什么来判断的？通过这几个问题的深入思考，明确概念的内涵，即问题的指向，根据问题指向选择条件和方法。问题（1）求占地面积指的是底面积，问题（2）求四周和底部抹水泥的面积，指的是前、后、左、右、底5个面的面积，问题（3）求蓄水的吨数，指的是水池的容积。

在思维转弯处比较。学生在学习中接触的问题大多是采用顺向思维解决的，对于顺向思维比较得心应手，一旦从顺向思维转为逆向思维，就显得特别不适应。因此，在学生思维的拐点处，通过设问比一比，将会为学生的思维打开一扇窗，迎来柳暗花明又一村的豁然之感。例如，学习了“长方体的体积”后设计逆向思维题：将一个盛着4分米高的水的容器，如下图倒置，水的高度是多少分米？

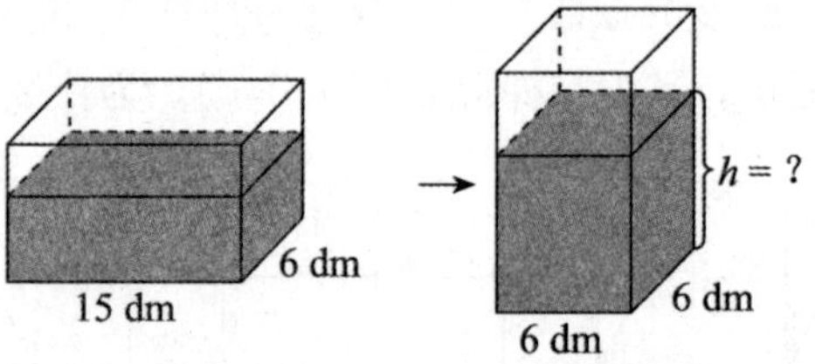

在学生理解题意后，设问：比一比，前后两图中的什么是不变的？什么变了？在比较中明晰水的体积是一个不变量，根据条件求得水的体积是15×6×4=360（平方分米），倒置后水的体积仍是360平方分米，底面积变成了6×6=36（平方分米），所以水的高度是360÷36=10（分米）。

2. 分类

分类，是指人们面对比较复杂的问题，有时无法通过统一研究或者整体研究解决，需要把研究的对象按照一定的标准进行分类并逐类进行讨论，再把每一类的结论综合，使问题得以解决的一种思维方法。分类在小学数学的学习中涉及各个领域，每一册的教学内容几乎都有普及。培养学生的分类思维，有利于学生养成有条理思考问题的良好数学思维品质。纵览小学数学人教版十二册的教学内容，隐含分类的知识点有：一年级下册物体的分类整理。数的认识中，数的分类，数分为正数、0、负数，有理数分为整数和分数，分数分为真分数和假分数。整数的性质中，整数按是不是2的倍数分为奇数和偶数，正整数按因数的个数分为1、质数、合数。图形的认识中，平面图形的多边形分为三角形、四边形、五边形、六边形等等；三角形按角分为锐角三角形、直角三角形、钝角三角形，三角形按边分为不等边三角形和等腰三角形，其中等腰三角形又分为等边三角形和腰与底边不相等的等腰三角形。统计教学中，数据的分类整理和描述。数学广角中，排列组合、植树问题、抽屉原理，等等。我们可以通过以下三个渠道培养学生的分类思维。

其一要在新知学习中培养分类思维。

新知学习是培养学生分类思维的一大载体。例如一年级上册学习“6、7的组成”，有培养学生分类思维意识的教师，先让学生零散地写出6的组成，感受这样写有点乱，再启发学生思考：根据什么标准能够不重复、不遗漏地写出6的所有组成呢？让学生在个体思考、同桌互说、集体交流的基础上，得出有序组数的分类方法：可以按照从小到大，也可以按照从大到小的顺序书写，这样能够做到既不重复、又不遗漏。接着让学生练习写7的组成，体验分类写的好处，之后8、9、10的组成，学生循着这个分类方法写，进一步体验分类写的价值：有序、不重复、不遗漏。

又如，学习二年级上册第八单元“搭配问题”的例题：用1、2和3组成两位数，每个两位数的十位数和个位数不能一样，能组成几个两位数？这道例题其实就是排列组合问题，有经验的教师在教学时，为了凸显分类的思维价值，先放手让学生尝试写，然后有针对性地汇报学生的写法，有写不全的、有写重复的、有写杂乱的、有按顺序写的，让学生比较哪种写法好？好在哪里？那应按什么样的标准写，才能做到不重复、不遗漏呢？通过写的体验、学生之间的交流、启发性的数学思考，得出组数的方法：用数字1、2、3组成两位数，可以分为十位分别是1、2、3三类，有12、13、21、23、31、32。接着练习：有3个数5、7、9，任意选取其中两个求和，得数有几种可能？在学生理解题意的基础上，让学生分类写，体验分类有序写的好处。

再如，教学三年级上册第九单元“集合”。

1 下面是三（1）班参加跳绳、踢毽比赛的学生名单。

跳绳	杨明	陈东	刘红	李芳	王爱好	马超	丁旭	赵军	徐强
踢毽	刘红	于丽	周晓	杨明	朱小东	李芳	陶伟	卢强	

参加这两项比赛的共有多少人？

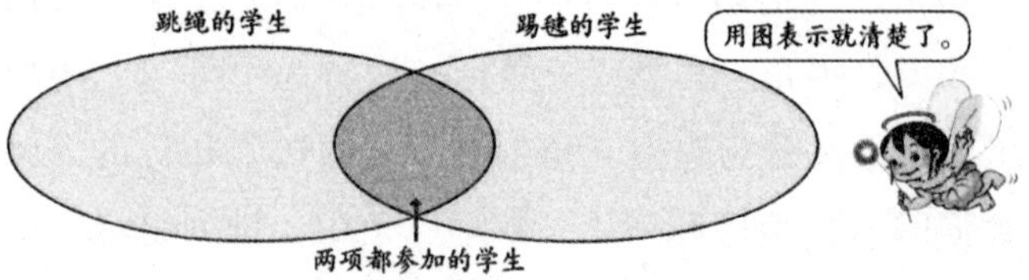

想一想：可以怎样列式解答？

学生尝试交流各种方法后，教师引出集合图表示思考的过程，此时，启发学生思考，求跳绳和踢毽的学生一共有多少人，可以把问题分成几类来求？让学生明晰求跳绳和踢毽的人数，要分为三类来求：第一类只跳绳的，第二类既跳绳又踢毽的，第三类只踢毽的。通过把问题分类，学生很清晰地理解算式 6＋3＋5＝14 的意义，尤其是 3 的含义，并与前面所学的求跳绳和踢毽有多少人的求法区分开来。

其二要在巩固练习中培养分类思维。

解决问题也是培养学生分类思维的重要渠道。如三年级下册练习题：

下图中一共有多少个长方形？

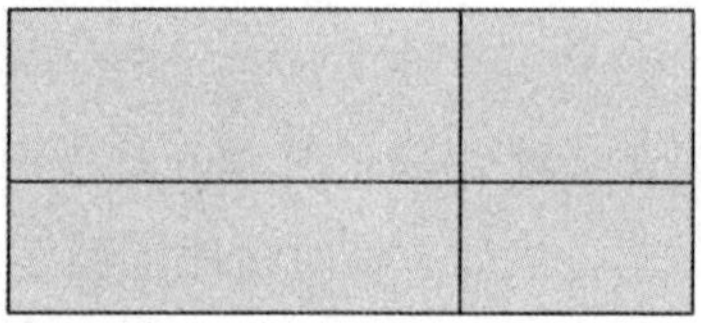

学生理解题意后，启发学生思考，按怎样的分类标准来数才能有序？让学生在交流中明晰，可以分成三类来数：只含有一个长方形的，有 4 个；两个长方形组合成长方形的有两行两列，有 4 个；4 个长方形组合成长方形的，有 1 个。这样一共有 4＋4＋1＝9（个）长方形。

又如，甲、乙、丙、丁 4 个人参加乒乓球小组赛，每 2 个人比赛一场，一共要比赛多少场？

学生理解题意后，启发学生思考，按怎样的分类标准来安排比赛场数，才能有序？学生有了前面的分类经验，依托画示意图，明晰可以分为三类：甲乙、甲丙、甲丁；乙丙、乙丁；丙丁，这样一共要比赛 3＋2＋1＝6（场），并让学生理解算式中加数的意义，每一个加数对应着一类，3 表示甲与乙、丙、丁比赛的场数，2 表示乙与丙、丁比赛的场数，1 表示丙与丁比赛的场数。

其三要在知识整理中培养分类思维。

整理与练习是培养学生分类思维不可或缺的手段。苏教版教材在整理与练习的回顾与整理环节提出的第一个问题一般是：“这一单元，你学到了哪些知识”。例如五年级下册“因数与倍数”单元的整理与练习：

对于这样的问题，教学时可以前置，让学生通过翻阅教材的内容，进行分类整理，课上交流分类整理的心得，体验分类整理的作用。例如，学生缪小心写的单元知识整理的作品。

这一单元，我们学习了因数与倍数，这是一个概念密集的单元，包含的知识点非常多。我分类整理如下：

因数与倍数的含义。因数与倍数是相互依存的两个概念，是在非0自然数的范围内研究的两个数之间的关系。如 $3\times5=15$，3和5是15的因数，15是3的倍数，也是5的倍数。

因数与倍数的特征。因数的个数是有限的，最小的因数是1，最大的是它本身。倍数的个数是无限的，最小的倍数是它本身，没有最大的倍数。一个数的最大因数等于它的最小倍数。

2、5、3倍数的特征。个位上是0、2、4、6、8的数是2的倍数，如26；个位上是0或5的数是5的倍数，如45；各位上数的和是3的倍数，这个数就是3的倍数，如111。

偶数和奇数的含义。是2的倍数的数叫作偶数，如28、180；不是2的倍数的数叫作奇数，如75、123。自然数按是不是2的倍数，分为偶数和奇数。

质数和合数的含义。只有1和本身两个因数的数叫作质数（或素数），如2、3、5、7、11；除了1和它本身还有别的因数的数叫作合数，如4、6、8、9、10。非0自然数，按因数的个数分为1、质数和合数。

质因数和分解质因数的含义。如果一个数的因数是质数，这个因数就是它的质因数。如5=1×5，14=2×7，36=3×12中，5是5的质因数，2和7是14的质因数，3是36的质因数。把一个合数用质数相乘的形式表示出来，叫作分解质因数。如30=2×3×5。

公因数和最大公因数的含义。两个数公有的因数，叫作这两个数的公因数，其中最大的一个叫作最大公因数。如12和18的公因数有：1、2、3、6，6是12和18的最大公因数。

公倍数和最小公倍数的含义。两个数公有的倍数，叫作这两个数的公倍数，其中最小的一个叫作最小公倍数。如3和5的公倍数有15、30、45…15是3和5的最小公倍数。

最大公因数和最小公倍数的求法。两个数是倍数关系，最大公因数是较小数，最小公倍数是较大数。如3和12，12是3的倍数，它们的最大公因数是3，最小公倍数是12；两个数只有公因数1，最大公因数是1，最小公倍数是它们的乘积。如3和14，它们只有公因数1，它们的最大公因数是1，最小公倍数是它们的乘积42；两个数是一般关系，可以用列举法求。如6和9，6的因数有1、2、3、6，其中1、2、3也是9的因数，它们的最大公因数就是3；9的倍数有9、18……18也是6的倍数，18就是6和9的最小公倍数。也可以用短除法求。

学生的作品中，多处用到了分类思维，首先把所学的知识按顺序进行了分类整理，其次对各个知识点进行了有序的分类整理，使所学的知识条理化、系统化，有利于知识、方法之间的比较、沟通。

（三）抽象与概括

抽象是在同类事物中抽取出共同的本质属性而舍弃非本质属性的思维过程；概括则是把从同类事物中抽取出的共同本质属性结合起来的思维过程。抽象主要是在分析、综合、比较、分类的基础上进行的。抽象与概括是更高一级的思维过程。只有通过抽象的概括，人们才能认识事物的本质属性和规律，从而把感性认识上升到理性认识。抽象和概括与分析和综合一样，也是密不可分的同一思维过程的两个方面。抽象是概括的前提和基础，没有抽象就无从概括；概括又是抽象的必要补充和发展，没有概括，抽象就失去意义。

其一要在新知学习中培养抽象与概括思维。

数学教材中概念、公式、原理、方法等都是抽象概括的结晶。在知识的建构中，要引导学生经历知识的形成过程，培养抽象概括的思维方法。例如学习“质数和合数”，教材如下：

写出下面各数的所有因数。

2 的因数：__________；3 的因数：__________；

5 的因数：__________；6 的因数：__________；

8 的因数：__________；9 的因数：__________；

在这些数中，只有两个因数的有（　　　　　），有两个以上因数的有（　　　　　）。

2、3、5 这几个数只有 1 和它本身两个因数，像这样的数叫作质数（或素数）。

6、8、9 这几个数除了 1 和它本身还有别的因数，像这样的数叫作合数。

想一想，1 的因数有几个？1 是质数吗？是合数吗？

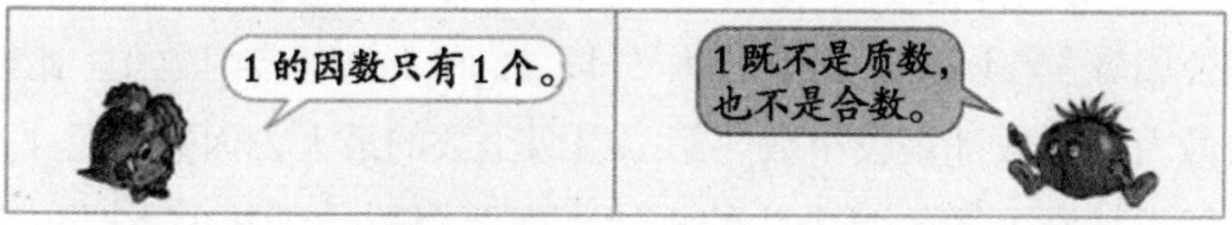

根据教材的编排，整合例题，学生写出 1、2、3、4、5、6、7、8、9、10 所有的因数，接着引导学生对因数的个数进行分类：

2 的因数有 1、2	4 的因数有 1、2、4	1 的因数有 1
3 的因数有 1、3	6 的因数有 1、2、3、6	
5 的因数有 1、5	8 的因数有 1、2、4、8	
7 的因数有 1、7	9 的因数有 1、3、9	
	10 的因数有 1、2、5、10	

在分析的基础上进行纵向综合、横向比较：2、3、5、7 只有两个因数；

4、6、8、9、10 有两个以上因数；1 只有一个因数。在分析综合的基础上进行抽象：只有 1 和它本身两个因数；除了 1 和本身外还有别的因数；只有因数 1。最后概括：一个数只有 1 和它本身两个因数，像这样的数叫作质数（或素数）；除了 1 和本身外还有别的因数，像这样的数叫作合数。1 只有一个因数，既不是质数，也不是合数。

其二要在发现规律中培养抽象与概括思维。

练习中，有的习题蕴含着共同的规律，通过练习引导学生发现其中的规律，并用数学语言表达出来，培养抽象概括思维。例如苏教版五年级下册"因数与倍数"单元练习题：

找出每组数的最大公因数，想想它们的最大公因数各有什么特点。

5 和 15	21 和 7	3 和 5	8 和 9
11 和 33	60 和 12	4 和 15	12 和 1

这道题以题组的形式呈现，旨在让学生练习后，分析它们的最大公因数的特点，发现蕴含的规律。教学时，学生找出每组数的最大公因数后，板书如下：

[5，15] =5 [21，7] =7 [11，33] =11 [60，12] =12

[3，5] =1 [8，9] =1 [4，15] =1 [12，1] =1

学生分析第一组两个数的关系，15 是 5 的倍数，21 是 7 的倍数，33 是 11 的倍数，60 是 12 的倍数；第二组两个数的关系，3 和 5 只有公因数 1，8 和 9 只有公因数 1，4 和 15 只有公因数 1，12 和 1 只有公因数 1。比较第一组两个数的最大公因数都是较小数，第二组两个数的最大公因数都是 1。引导学生抽象概括求特殊关系的两个数的规律：当两个数是倍数关系时，它们的最大公因数是较小数；当两个数只有公因数 1 时，它们的最大公因数是 1。

小学生的抽象概括能力的发展大体经历了直观形象水平、形象抽象水平、初步的本质抽象水平三个阶段。低年级学生的概括水平主要处于直观形象水平，中年级学生的概括水平主要处于形象抽象水平，高年级学生的概括水平处于初步的本质抽象水平。因此，要根据不同年龄段学生的思维发展规律，从低年级开始就要注重培养学生的抽象概括思维。

如上所述，在思维真正发生的过程中，分析、综合是最基本的过程，比较、分类、抽象、概括都是分析与综合的继续和深化。其中，抽象概括是更高一级的思维过程，是思维过程发展的核心，学生思维的发展，最终体现在抽象和概括能力的提升上。

二、解题方法

解决问题的过程，也就是数学思维启动、展开、应用、发展的过程。需要解决的问题不同，所使用的方法也就不同，因此，教师在教学中要引导学生掌握各种解决问题的方法，做到举一反三、触类旁通，提高学生解决问题的能力。下面以苏教版五年级上、下册部分思考题的教学为例，谈谈解题的一些常用方法和特殊方法。

（一）分析法与综合法

分析法是从问题出发并解决实际问题，就是从所求问题出发，根据数量之间的关系，找出解决这个问题所需要的两个条件；再把其中一个或几个未知条件作为新的问题，继续找出解决这个新问题所需要的两个条件……像这样执果索因，直至所需要的条件都已知为止。

［例题］一部长篇小说 560 页，小小已经看了 6 天，每天看 50 页，还剩下多少页？

从问题出发进行思考，其过程：求还剩下的页数，需要知道一部长篇小说的总页数 560 页（已知）和已经看的页数（未知），要求已经看的页数，需要知道每天看的页数 50 页（已知）和看的天数 6 天（已知）。

综合法是从条件分析并解决实际问题，就是从实际问题里的已知条件出发，根据数量之间的关系，先选择两个已知数量，提出所能解决的问题；再把求出的数量作为新的已知条件，与其他的已知条件搭配，继续提出所能解决的问题……像这样由因导果，直至推出所要解决的问题。如上题，从条件出发进行思考，其过程：根据已经看了 6 天，每天看 50 页，可以求得已经看的页数，再根据总页数和已经看的页数，就可以求得还剩下的页数。

两种方法是彼此联系、互相补充的。一般在解决实际问题时，时而会从问题去追寻条件，时而又会从条件转向问题，也就是两种方法常常是交织在一起的，你中有我，我中有你。但在实际使用的过程中二者还是有主次之分的，即有些问题可以侧重于运用综合法进行思考，有些问题可以侧重于运用分析法进行思考。例如，儿童剧场楼下有 308 个座位，楼上有 8 排，每排有

36个座位，楼上有多少个座位？这道题的308是个多余条件，属于条件多余的问题，就侧重于从问题出发进行思考。又如，每装配一辆小汽车要用去4个轮子，如果要装配250辆小汽车，1000个轮子够吗？请通过计算说明理由。三年级上学期的学生面对此题，就侧重于从条件出发进行思考。

［例题］如图，长方形被分成了一个三角形和一个梯形。已知三角形的面积比梯形少180平方厘米，求三角形和梯形的面积。

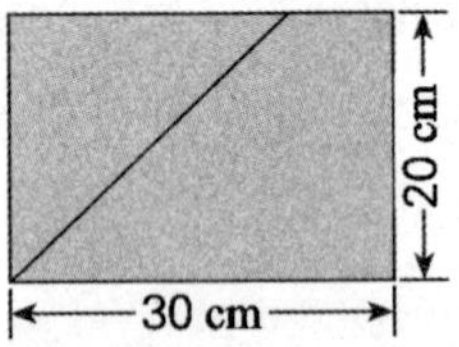

这是苏教版五年级上册的思考题，是在学习了“多边形的面积”基础上教学的，它是一道组合图形问题，既是巩固强化所学的知识，学会从不同角度思考问题，也是为学习求组合图形面积打基础。这道题可以从不同的角度进行分析：

一是分析法。问题是求三角形和梯形的面积，从所求问题的线索分析，就要找到三角形对应的底和高，梯形的上底、下底和高。从图中可以看出三角形的高是20厘米，底未知，梯形的下底是30厘米、高是20厘米，上底未知。如果沿三角形上方的顶点做一条垂直于对边的虚线（如上图），这样左边是两个面积相等的三角形，右边是一个长方形，而长方形的面积就是三角形面积比梯形少的180平方厘米，自然求得梯形的上底是180÷20＝9（厘米），三角形的底是30－9＝21（厘米），所以三角形的面积是21×20÷2＝210（平方厘米）；梯形的面积是(9＋30)×20÷2＝390（平方厘米）。

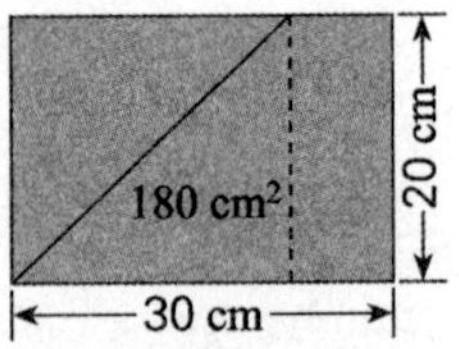

二是综合法。从给出的条件入手，三角形的面积比梯形的面积少180平方厘米，这是差；三角形与梯形的面积和是30×20＝600（平方厘米），根据和差问题的数量关系，三角形的面积是(600－180)÷2＝210（平方厘米）；梯形的面积是(600＋180)÷2＝390（平方厘米）或600－210＝390（平方厘米）。

当然还可以用先假设后还原的方法分析，假设三角形与梯形的面积都是30×20÷2＝300（平方厘米），根据实际三角形的面积比梯形少180平方厘米，三角形的面积多了180平方厘米的一半，梯形的面积少了180平方厘米的一半，再还原梯形的面积是 300＋90＝390（平方厘米）；三角形的面积是 300－90＝210（平方厘米）。

回顾分析过程，从不同的角度思考问题，打开了不同的思维天窗。通过不同角度思考问题，要启迪学生求三角形或梯形的面积不一定非要找到底与对应的高不可，当一条路径受阻，要学会转向；当得出一种解法，不要自我满足，想想还可以怎样分析，让学生养成从不同的角度思考问题的习惯。

（二）列举法

列举法是针对特殊问题情境的一种解题方法。根据题意的要求，把问题不重复、不遗漏、有序地一一列举出来，以求得问题的答案，这种分析问题、解决问题的方法叫做列举法。列举法的基本思想是不重复、不遗漏、有序地列举出所有可能的情况，再对列举出来的情况加以分析，从中寻求满足答案的结果。列举法的核心是“序”和“类”，“序”是有顺序，“类”是分类、类别。列举法有简单列举、分类列举。

[例题] 大于 0.1 而小于 0.2 的两位小数有多少个？大于 0.1 而小于 0.2 的小数有多少个？

这是苏教版五年级上册的思考题，是在学习了“小数的大小比较”之后练习的。审题时，要弄清两个问题虽只有“两位”这两字之差，结果却大不一样：第一个问题条件中指明是两位小数，可以用列举的策略将所有答案写出来，大于 0.1 而小于 0.2 的两位小数有：0.11、0.12、0.13、0.14、0.15、0.16、0.17、0.18、0.19，再数一数，一共有 9 个即可，明晰答案是可数的，有限的；而第二个问题，没有指明是几位小数，列举时要先分类，从两位小数列起，接着列举三位小数的，再列举四位小数的，让学生在分类列举的过程中，明晰答案有无数个，感悟极限思想，即大于 0.1 而小于 0.2 的小数有无数个。

通过解决这道思考题，要引发学生反思：审清题意是解决问题的第一步，哪怕是一字之差。第二弄清问题求什么，决定采用哪种解决问题的方法，此题的两个问题均可采用列举法，第一个问题简单列举；第二个问题先分类再列举。第三感悟列举法解决问题的价值：不重复、不遗漏、有序地解决问题，有利于培养思维的有序性、缜密性，培养我们做事、处事和思考问题的周全性、周密性、全面性的优秀品质。

（三）转化法

转化法是一种非常重要的解决问题的方法，是指把一个待解决的问题转变成已经解决或比较容易解决的问题，从而使原问题得以解决的方法。转化的路径有：

1. 转化单位“1”

［例题］一根蜡烛第一次烧掉全长的$\frac{1}{5}$，第二次烧掉剩下的一半。这根蜡烛还剩下全长的几分之几？

这是苏教版五年级下册的思考题，是在学习了“分数加减法”的基础上教学的。此题的两个分率$\frac{1}{5}$和$\frac{1}{2}$的单位“1”是不同的，第一次烧的$\frac{1}{5}$是以全长为“单位1”，第二次烧的一半，即$\frac{1}{2}$是以剩下的为“单位1”。因此，关键是将“第二次烧掉剩下的一半”转化为全长为“单位1”，即“第二次烧掉剩下的一半”相当于全长的几分之几。把不同的“单位1”转化为相同的单位“1”，可以通过画线段图来帮助理解转化的过程（如下图）。设想把一根蜡烛看成“单位1”，平均分成5等份，第一次烧掉1份，还剩下4份，第二次烧掉4份的一半，就是2份，还剩下2份，即这根蜡烛还剩下全长的$\frac{2}{5}$。列式是：$1-\frac{1}{5}-\frac{2}{5}=\frac{2}{5}$。通过解这道题，引发学生反思：其一，分数问题中单位“1”的重要性；其二，转化法在解决问题中的价值，化不同为相同。

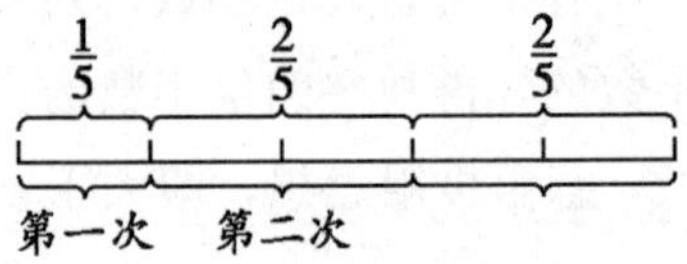

2. 转化条件

［例题］甲、乙两数的和是16.5，甲数的小数点向右移动一位正好等于乙数。你知道甲、乙两数各是多少吗？

这是苏教版五年级上册的思考题，是在学生学习了“小数的乘除法”的基础上教学的。这道题学生难在理解“甲数的小数点向右移动一位正好等于乙数”这个条件。利用小数点位置移动，引起小数大小变化的规律，根据“甲数的小数点向右移动一位正好等于乙数”这个条件，可以想到，甲数的小数点向右移动一位，也就是说甲数乘 10 等于乙数，反过来就是说，乙数是甲数的 10 倍。当把间接条件转化成直接条件，原题变成：甲、乙两数的和是 16.5，乙数是甲数的 10 倍，甲、乙两数各是多少？把隐含的条件换成了直白的条件，结合画图法分析数量关系，把甲数看成 1 份，乙数相当于这样的 10 份，两数合起来一共是 11 份，正好就是 16.5，其中的一份是 16.5÷11＝1.5，即甲数是 1.5，乙数是 16.5－1.5＝15 或 1.5×10＝15。把 1.5 和 15 代入原式验算：两数的和是 1.5＋15＝16.5，乙数是甲数的 15÷1.5＝10 倍，符合题意，说明解答正确。其实这是一道和倍问题，两数的和是 16.5，是一个已知条件，两数的倍数关系没有直接告诉我们，是个间接条件，需要转化，而这正是学生需要理解题意的切入点。学会把抽象的条件转化为直观的条件。

3. 转化问题

［例题］绿色三角形面积是红色三角形面积的几分之几？梯形面积是红色三角形面积的几分之几？

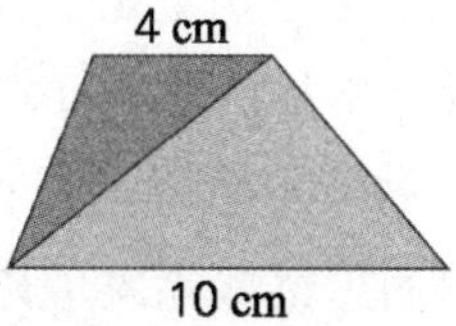

这是苏教版五年级下册的思考题，是在学习了“求一个数是另一个数的几分之几”基础上教学的。要求绿色三角形的面积是红色三角形面积的几分之几。解题思路是将绿色三角形的面积除以红色三角形的面积。图中只告诉我们绿色三角形的底是 4，红色三角形的底是 10，虽然两个三角形的高都是未知的，但是它们是等高。用假设法思考，可以把它们的高都看成是一个具体的数，比如 6。根据三角形的面积计算公式：绿色三角形的面积是 4×6÷2＝12；红色三角形的面积是 10×6÷2＝30；绿色三角形的面积是红色三角形的面积的 $12\div30=\frac{2}{5}$。如果把高设为 a，绿色三角形的面积是 $4\times a\div2=2a$；红色三角形的面积是 $10\times a\div2=5a$；绿色三角形的面积是红色三角形的面积的 $2a\div5a=\frac{2}{5}$。有没有更简便的方法呢？可以用转化法。因为这两个三角形等高，相除的时候可以互相抵消，公式中的除以 2，相除时也可以互相抵消，求绿色三角形的面积是红色三角形面积的几分之几就可以转化为，求绿色三角形的底是红色三角形的底的几分之几，即 $4\div10=\frac{2}{5}$。

分析这道思考题的转化法，当两个三角形的高相等时，比较它们面积的倍数关系可以转化成直接比较它们底边长的倍数关系；同理，当一个三角形与一个梯形的高相等时，比较它们面积的倍数关系可以转化成直接比较它们底边长的倍数关系。反之亦然。

4. 转化角度

［例题］如下图，涂色部分是正方形，你能求出图中最大长方形的周长吗？

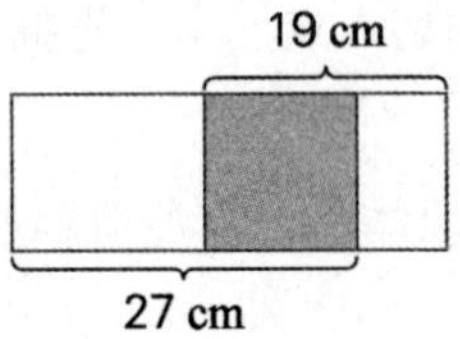

这是苏教版五年级下册的思考题，是在学习了“转化策略”的基础上教学的，旨在培养思维的变通性。常规的思维要求长方形的周长，根据长方形的周长公式：周长＝(长＋宽)×2，必须知道长和宽方可以求周长，如果沿着这样的思路去分析的话，我们的思维就陷入了死胡同，这道题恐怕是没有办法解决的。因此，我们要跳出常规框框，转化思维的角度。从整体观察图形，我们可以看出，27 厘米和 19 厘米的和恰好就是最大长方形的一条长与一条宽的和，因而图中最大长方形的周长是(27＋19)×2＝92（厘米）。

5. 转化推导路径

［例题］在方格纸上画一个三角形和一个梯形，通过剪、拼分别把它们转化成平行四边形。你能根据转化成的平行四边形与原来图形的关系，推导出三角形和梯形的面积公式吗？

这是苏教版五年级上册的思考题，是在学习了“三角形、梯形面积计算”的基础上教学的。教学三角形、梯形面积公式的推导，教材意图是把两个完全一样的三角形或梯形拼成一个平行四边形，用的是拼合法。思考题给出的是一个三角形、梯形，要求用剪拼的方法，推导出三角形、梯形的面积计算公式。旨在转化推导路径，研究、推导三角形、梯形的面积，既可以从拼合法角度考虑，也可以从剪拼法角度考虑。可以先在方格纸上画一个三角形和梯形，如下图，分别画出两腰的中位线，以 O 点为轴心，顺时针旋转 180°，转化成平行四边形。观察三角形和平行四边形之间底和高的关系，平行四边形的底等于三角形的底，平行四边形的高等于三角形的高的一半，平行四边形的面积＝底×三角形的高÷2，因为平行四边形的面积＝三角形的面积，所以三角形的面积＝底×(高÷2)＝底×高÷2。观察梯形和平行四边形之间底和高的关系，平行四边形的底＝梯形的上底＋下底的和，平行四边形的高等于梯形的高的一半，平行四边形的面积＝底×梯形的高÷2，因为平行四边形的面积＝梯形的面积，所以梯形的面积＝(上底＋下底)×高÷2。

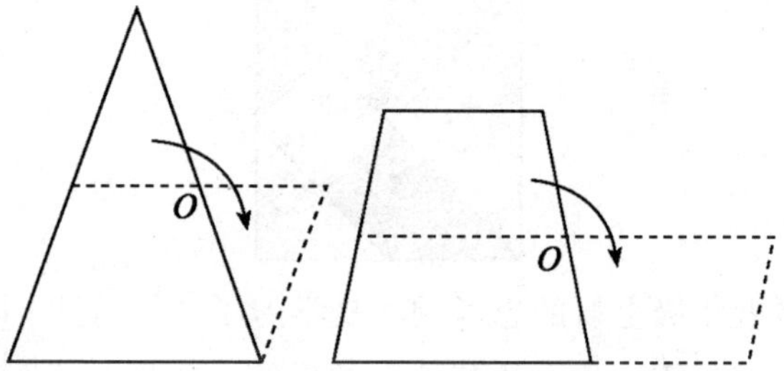

（四）列表法

列表法，即根据题目的要求把条件、问题以表格的形式整理出来，使题目的数量关系清晰可见，有利于辅助问题解决的一种方法。

［例题］一个物体从高空下落，经过 4 秒落地。已知第一秒下落 4.9 米，以后每一秒都比前一秒多下落 9.8 米。这个物体在下落前距地面多少米？（先列表，再解答）

这是苏教版五年级上册的思考题，是在学习了“列表策略”“小数加减法”的基础上练习的。教材的意图是用列表的方法来整理题中的条件，使数量关系一目了然，所求问题迎刃而解，同时也进一步巩固四年级上册学习的列表策略，体会列表策略解决问题的价值。根据条件的意思，列表整理如下：

时间	第一秒	第二秒	第三秒	第四秒
下落高度	4.9	4.9＋9.8	4.9＋9.8×2	4.9＋9.8×3

观察表中的数据，很清楚地表示出每一秒下落的高度，对所求的问题，只要将每一秒下落的高度相加即可，列式：4.9＋4.9＋9.8＋4.9＋9.8×2＋

4.9＋9.8×3＝4.9×4＋9.8×6＝9.8×8＝78.4（米），即这个物体下落前距地面 78.4 米。应用列表法整理题中的条件和问题，使条件与条件之间的关系，条件和问题之间的关系，一目了然，有利于问题的思考和解决。

（五）分解法

分解法是解决图形问题的一种重要方法，即根据题意的需要，把图形进行适当的分解，使图形之间的面积关系一目了然，再进行求解的方法。

［例题］下边是用一副七巧板拼成的正方形，边长 8 厘米。你能算出其中每一块板的面积各是多少平方厘米吗？

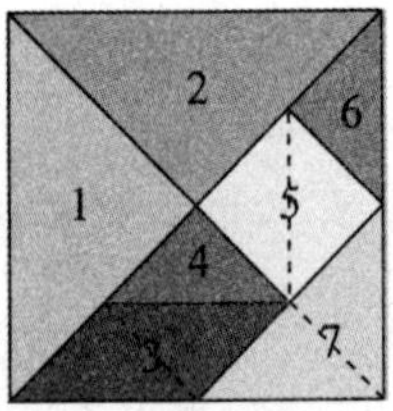

这是苏教版五年级上册的思考题，是学习了“平行四边形、三角形面积计算方法”的基础上教学的。这是七巧板问题，要求每一块板的面积。为了表述方便，按顺序从左往右把七个图形分别用 1、2、3、4、5、6、7 来表示（如右图）。整体观察图形，1 号和 2 号三角形的面积占了正方形面积的一半，分别占了正方形面积的$\frac{1}{4}$，即 1 号、2 号三角形的面积是 8×8÷4＝16（平方厘米）；3 号至 7 号五个图形的面积占了正方形面积的一半，是 64÷2＝32（平方厘米）。再仔细观察 3 号、5 号、7 号的平行四边形、正方形、直角三角形，发现它们的面积都是 4 号或 6 号三角形面积的 2 倍，这一发现很重要。这样的话，我们就以 4 号、6 号图形各为 1 份，把 3 号、5 号、7 号图形分别平均分成 2 份。可以动手分一下，数一数一共有 8 等份，求得每一份的面积是 32÷8＝4（平方厘米），3 号平行四边形占 2 份，面积是 4×2＝8（平方厘米）；4 号是三角形占 1 份，面积是 4×1＝4（平方厘米）；5 号是正方形占 2 份，面积是 4×2＝8（平方厘米）；6 号是三角形占 1 份，面积是 4×1＝4（平方厘米）；7 号是三角形占 2 份，面积是 4×2＝8（平方厘米）。回顾解题过程，突破按三角形、平行四边形的面积公式来思考问题的常规思路，而是根据图形之间的面积关系，采用分解法解决问题，关键是以 4

号或 6 号图形的面积为一份数，把 3 号、5 号、7 号图形分别分解成两个一样的一份数，用分解法求得 3 号至 7 号图形的面积。

（六）猜想验证法

猜想验证法，是学习数学非常重要的一种方法，即对问题提出猜想，再对猜想进行验证的一种解决问题的方法。

［例题］下图中，正方形的面积是 10 平方厘米。圆的面积是多少平方厘米?

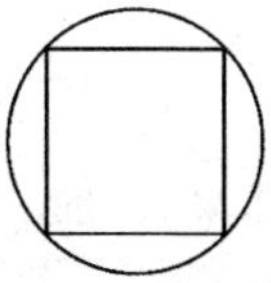

这是苏教版五年级下册的思考题，是在学习了“圆的面积”基础上教学的。观察组合图形，圆内夹一个最大的正方形，正方形的两条对角线的交点正好就是圆心，它们的关系，在数学上称为圆内接正方形。已知正方形的面积是 10 cm^2，从正方形面积内部入手，连接正方形的两条对角线（如右图），正方形被分成了 4 个等腰直角三角形，每个等腰直角三角形的面积是 $10\div4=2.5$（平方厘米），而等腰直角三角形的底和高正好是圆的半径，即 $r\times r\div2=2.5$，推出 $r\times r=5$，求得圆的面积是 $3.14\times5=15.7$（平方厘米）。

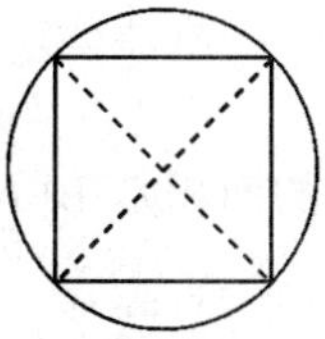

学数学，离不开思考，离不开对问题的深究。借此，我们往下思考正方形面积与圆的面积的关系，根据上图求得圆形的面积是正方形的面积的 $15.7\div10=\frac{157}{100}$。据此，我们可以提出这样的猜想：是不是所有的圆内切正方形，圆形的面积都是正方形的面积的$\frac{157}{100}$呢? 这是学数学必须具备的一种思维，接着通过举例子验证猜想是否正确。

如果正方形的面积是 12 平方厘米，等腰直角三角形的面积是 $12\div4=3$（平方厘米），即 $r\times r\div2=3$，推出 $r\times r=6$，求得圆的面积是 $3.14\times6=18.84$（平方厘米），推出圆形的面积是正方形的面积的$\frac{18.84}{12}=\frac{157}{100}$，与猜想不谋而合。

继续举例：如果正方形的面积是 a 平方厘米，等腰直角三角形的面积是 $\frac{a}{4}$，即 $r\times r\div 2=\frac{a}{4}$，推出 $r\times r=\frac{a}{2}$，求得圆的面积是 $3.14\times a\div 2=1.57a$（平方厘米），推出圆形的面积是正方形的面积的 $\frac{1.57a}{a}=\frac{157}{100}$。猜想正确。

我们从举具体的数到抽象的字母来验证猜想，都得出圆内切正方形中圆形的面积是正方形的面积的 $\frac{157}{100}$ 这个倍比关系，数学上称为规律。利用这个规律，原题就可以这样列式计算：$10\times\frac{157}{100}=15.7$（平方厘米）。

常规法：$10\div 4=2.5$（平方厘米），即 $r\times r\div 2=2.5$，推出 $r\times r=5$，圆的面积是 $3.14\times 5=15.7$（平方厘米）。

规律法：根据圆内切正方形，圆的面积是正方形面积的 $\frac{157}{100}$，已知正方形的面积是 $10\ \text{cm}^2$，圆的面积是 $10\times\frac{157}{100}=15.7\ (\text{cm}^2)$。

学数学，很多时候其实就是在找规律，应用猜想验证的方法，可以发现数学中隐藏着很多的秘密。因此，解决问题时要学会大胆猜想，小心求证。

（七）整体思量法

整体思量法，即从整体的角度来思考问题的一种解决问题的方法。

［例题］下图中正方形的面积是 8 平方厘米，你能算出阴影部分的面积吗？

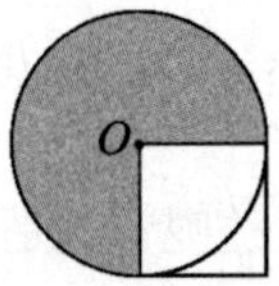

这是苏教版五年级下册的思考题，是在学习了“圆的面积”之后教学的。这道题的关键是要摆脱思维定势的影响，即求圆的面积一定要知道圆的半径或直径或周长。因为前面的练习中求圆的面积提供给我们的数据不是半径就是直径或周长，我们已经适应了求圆的面积非得有半径、直径或周长。如果我们的思路仅限于这个角度的话，思维就走进了死胡同，凭目前的知识我们根本没有办法解决这道题。因此，我们要换个角度思考，即从整体来思考：从图中我们可以看出正方形的面积等于圆的半径的平方，这是最关键的一环，也就是已知圆的半径的平方等于8平方厘米，求圆的面积，直接用3.14×8=25.12（平方厘米）即可，图中阴影部分的面积就是25.12÷4×3=18.84（平方厘米）。

（八）还原法

还原法，也叫倒推法，是通过已知结果求原来问题的一种特殊方法，即从结果一步一步往回推，还原问题本来面目的一种解决问题的方法。

［例题］有一个三位小数，精确到百分位是4.80。这个三位小数最大是多少？最小呢？

这是苏教版五年级上册的思考题，是在学习了“小数的改写和省略”之后练习的。这是一道已知结果求原来问题的题目，属于还原问题。我们先要还原精确到百分位是4.80的所有的三位小数，再从中进行选择。从四舍的角度考虑，千分位上的数可以是1、2、3、4，还原符合题意的三位小数有：4.801、4.802、4.803、4.804；从五入的角度考虑，百分位是0，那原来的百分位上的数应是9，千分位上的数可以是5、6、7、8、9，还原符合题意的三位小数有：4.795、4.796、4.797、4.798、4.799，再从中比对，确认这个三位小数最大是4.804，最小是4.795。

［例题］小力用竖式计算5.1加一个两位小数时，把加号看成了减号，得2.76。你能帮他算出正确的结果吗？

这是苏教版五年级上册的思考题，是在学习了“小数的加减法”之后练习的。这是一道错中求解的问题，先把错的算式列出：5.1－□.□□=2.76，从中求出两位小数，□.□□=5.1－2.76=2.34，这一步叫将错就错，再将5.1+2.34=7.44，即正确的结果是7.44。还原法是解决特殊问题的一种方法，通过学习可以深化对四则运算的理解，增强推理、分析能力，培养认真审题、仔细计算的学习习惯。

（九）消元法

消元法，即把两个未知量，通过扩倍消去一个未知量，从而使问题得以解决的一种方法。

［例题］买3支圆珠笔和2支铅笔要8.7元，买2支圆珠笔和3支铅笔要6.8元。圆珠笔和铅笔的单价各是多少？

这是苏教版五年级上册的思考题，是在学习了“小数四则混合运算”的基础上练习的。这是一道用消元法解决的问题，为了表述方便，把“买 3 支圆珠笔和 2 支铅笔要 8.7 元”，简写成“3×圆珠笔+2×铅笔=8.7”，叫等式 1；把“买 2 支圆珠笔和 3 支铅笔要 6.8 元”，简写成“2×圆珠笔+3×铅笔=6.8”，叫等式 2。因为两个等式中都含有两个未知量，且数量都不一样，这正是思考的焦点。设想如果能消去其中的一个未知量，剩下一个未知量，问题就好求了。循着此思路分析，解题的关键是转化两个等式，消去其中一个未知量。如果要消去圆珠笔这个未知量，就要使两个等式中圆珠笔的支数是一样的，可以使用扩倍法把第一个等式的三个数都乘 2，转化成“6×圆珠笔+4×铅笔=17.4”，叫等式 3；同理把第二个等式的三个数都乘 3，转化成“6×圆珠笔+9×铅笔=20.4”，叫等式 4。将等式 4 减去等式 3，就消去了圆珠笔的支数，剩下 9－4=5（支）铅笔，用去 20.4－17.4=3（元），即 5 支铅笔 3 元，求得每支铅笔 3÷5=0.6（元）；再将 0.6 元代入条件 1 中，求出圆珠笔的单价是：(8.7－0.6×2)÷3=2.5（元）。此题还可以转化成和差问题来解决，把等式 1 和等式 2 的三个数分别加起来，转换成“买 5 支圆珠笔和 5 支铅笔要 15.5 元”，即“买 1 支圆珠笔和 1 支铅笔要 3.1 元”，这就是两数的和；把等式 1 的三个数分别减去等式 2 的三个数，即“买 1 支圆珠笔比 1 支铅笔要贵 1.9 元”，这是两个数的差。根据和差问题的解题规律，求得圆珠笔的单价是(3.1+1.9)÷2=2.5（元）；铅笔的单价是(3.1－1.9)÷2=0.6（元）。

（十）分段法

分段法，即根据题意要求，把问题分成几部分来解决的一种方法。

[例题] 为了鼓励节约用电，某地规定了以下的电费计算方法：每月用电不超过 100 千瓦时，按每千瓦时 0.52 元收费；每月用电超过 100 千瓦时，超过部分按每千瓦时 0.6 元收费。小明家十月份付电费 66.4 元，用电多少千瓦时？

这是苏教版五年级上册的思考题，是在学习了“小数四则混合运算”的基础上练习的。这是一道生活实际问题，采用分段计算的方法即可，根据小明家十月份付电费 66.4 元，如果不超过 100 千瓦时，电费是 0.52×100=52（元），可见电费超过 100 千瓦时，超过了 66.4－52=14.4（元），即超过的用电是 14.4÷0.6=24（千瓦时），这样一共用电是 100+24=124（千瓦时）。

（十一）归纳法

归纳法，即通过观察、分析数据中隐含的规律，再把规律用文字语言或符号语言表达出来的一种解决问题的方法。

［例题］先找出下表中每行数的排列规律，再用含字母的式子填空。

1	2	3	4	5	…	n	…
2	4	6	8	10	…		…
1	3	5	7	9	…		…

这是苏教版五年级上册的思考题，是在学习了“用字母表示数”的基础上教学的。这是一道找等差数列中的规律的题，在前面的学习中有所接触，但没有提升到用字母式来表示规律。我们一行一行观察规律，第一行是自然数列，前后两个数之间相差1，第一个数表示1×1，第二个数表示2×1，第三个数表示3×1…，第n个用字母式n×1表示，简写成n，相邻的前一个用字母式n－1表示、后一个用字母式n＋1表示；第二行是偶数数列，前后两个数之间相差2，第一个数表示1×2，第二个数表示2×2，第三个数表示2×3…，第n个数用字母式表示n×2，相邻的前一个用字母式表示n×2－2、后一个用字母式表示n×2＋2；第三行是奇数数列，前后两个数之间相差2，第一个数表示1×2－1，第二个数表示2×2－1，第三个数表示3×2－1…，第n个用字母式表示n×2－1，相邻的前一个用字母式n×2－1－2表示、后一个用字母式n×2－1＋2表示。

从以上的解答过程可以看出，用字母式表示数列的规律，先把数列中的前几个数用具有相同特征的算式表示出来，比如，1＝1×2－1，3＝2×2－1，5＝3×2－1……第一个数用算式1×2－1表示，第二个数用算式2×2－1表示，第三个数用算式3×2－1表示，以此类推，第n个数用算式n×2－1表示。

（十二）方程法

方程法，是一种代数思维，关键是寻找数量间的相等关系，即假设问题为一个字母，结合现有条件，列出等量关系，然后根据等式的性质，得出方程的解，再结合具体的情境验算结果的正确性。

［例题］甲、乙两人沿着400米的环形跑道跑步，他们同时从同一地点出

发，同向而行。甲的速度是 280 米/分，乙的速度是 240 米/分。经过多少分钟甲第一次追上乙？

这是苏教版五年级下册的思考题，它是一道追及问题，是在学习了“列方程解决实际问题”的基础上教学的。追及问题是行程问题中的一种，它的数量关系是，追及时间等于路程差除以速度差。根据这个数量关系，从问题出发分析，求追及时间，就要找到路程差与速度差。速度差是两个速度的差，直接用 280－240＝40（米/分）即可，因此，此题的关键便是确定路程差，根据“他们同时从一地点出发，同向而行，甲第一次追上乙”这些条件，也就是说在相同时间内甲跑的路程正好比乙多 400 米，而这 400 米就是路程差。确定了路程差，问题便迎刃而解，即经过 400÷40＝10（分钟）甲第一次追上乙。然而，根据教材的意图是要求学生列方程解决，列方程的关键是找等量关系，我们可以根据甲行的路程减去乙行的路程等于相差路程这个等量关系列方程，也可以根据速度差乘追及时间等于路程差这个等量关系列方程。设经过 x 分钟甲第一次追上乙，列方程得：$280x-240x=400$ 或 $(280-240)x=400$，解得 $x=10$。

解题有法，贵在得法。以上列举的多种解题方法，并不是独立的，而是相互交融的，指导学生学会常用的解题方法和特殊的解题方法，积累解题经验，举一反三，触类旁通，助力思维的长足发展。

三、解法应用

学数学，贵在学以致用，贵在根据不同的问题灵活选择相应的解题方法合理解决问题，贵在对解决问题方法的总结，以此促进数学思维的发展，培养良好的思维品质。

（一）解答选择题“七法”

选择题是质量监测试卷命题的主打题。从目前国家、省、市、县的命题来看，一张试卷 23 道题，选择题安排 20 道，每道选择题安排 4 个选项，3 道解决问题。选择题是在题中给出已知条件和提出问题后，再给出几个不同的选择，从中选择符合题目要求的一种题型。选择题的考查范围广，解答时要引导学生根据题目的不同内容，选择不同的方法进行解答。

1. 意义法

即用意义去对照每一个选项，主要用于考查对某个概念、法则、性质、定律、规律、关系、原理的掌握情况。

[例题] 第六次人口普查显示，宁德市户籍人口3393698人，常住人口为2821996人，其中60岁及以上人口为375572人。对于横线上的数，下面说法正确的是（　　）。

A. “3393698”最高位上的“3”表示3个千万

B. “2821996”由2821个万和996个一组成

C. “375572”省略“万”后面的尾数约是37万

D. “60”既是偶数，又是合数

思路点拨：这道题主要考查学生对计数单位、数的组成、省略、偶数、合数等多个概念的理解，这样的选择题要应用概念的内涵逐一去判断，A选项“3393698”最高位的3在百万位上，表示3个百万，对照A选项的说法，是错的；B选项“2821996”从数的组成来表示，应由282个万和1996个1组成，对照B选项的说法，是错的；C选项“375572”，千位上的数是5，应向万位进一，省略“万”后面的尾数约是38万，对照C选项的说法，是错的；D选项“60”个位是0，除了1和60，还有其它因数，所以60既是偶数，又是合数，是正确的，因此，说法正确的是D。

[例题] 1. 小明用木条钉一个长5分米，宽2分米的长方形，现拉住长方形的对角，使它成为一个高为3分米的平行四边形，则这个平行四边形的面积为（　　）平方分米。

A. 6　　B. 15　　C. 15或6　　D. 无法确定

2. 如图，直线a和直线b互相平行。比较甲乙的面积（　　）。

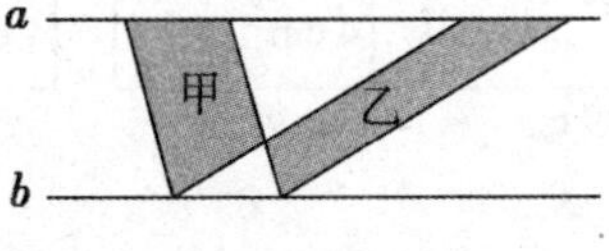

A. 甲＞乙　　B. 甲＜乙　　C. 甲＝乙　　D. 无法比较

思路点拨：例题1考查学生对于长方形沿对角拉成平行四边形，长方形面积与平行四边形面积关系的理解。长方形沿对角拉成平行四边形，变矮了，面积变小了，选项B、C、D不符合这个关系，可以直接排除，A选项平行四边形的面积为6平方分米，可以想象得出来，小明把长方形长5分米的边往里压成了正好高是 3 分米的平行四边形，宽 2 分米不变，也就是平行四边形的底，所以平行四边形的面积是 $2\times3=6$（平方分米）。例题 2 主要考查学生对于等底等高平行四边形面积相等原理的理解。直接比较甲、乙两个图形的面积有困难，可以把甲、乙两个图形和它们公共的小三角形联系起来看，就变成了比较两平行四边形面积的大小，因为两个平行四边形的底和高都相等，所以两个平行四边形的面积相等，选择 C。

［例题］下列图形中，空白部分与阴影部分的周长相等的是（　　）。

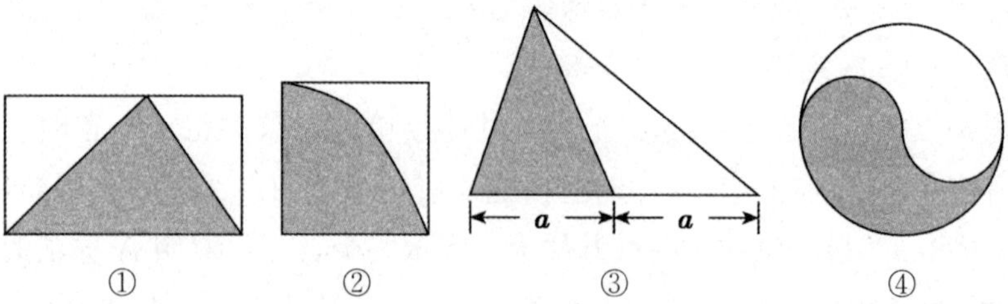

A. ①②　　B. ②③　　C. ③④　　D. ②④

思路点拨：此题主要考查学生对周长意义的理解，图①空白部分的周长是一条长加两条宽再加三角形的两条边，阴影部分的周长是三角形的三条边，比空白部分的周长短；图②阴影部分和空白部分的周长都是正方形的两条边和一条曲线，周长相等；图③阴影部分的周长比空白部分的周长短些；图④阴影部分和空白部分的周长一样，因此，正确的选项是 D。

［例题］长方体相交于同一顶点的三条棱的长度分别是 9 cm、7 cm、4 cm（如下图左）。那么这个长方体上面是（　　）。

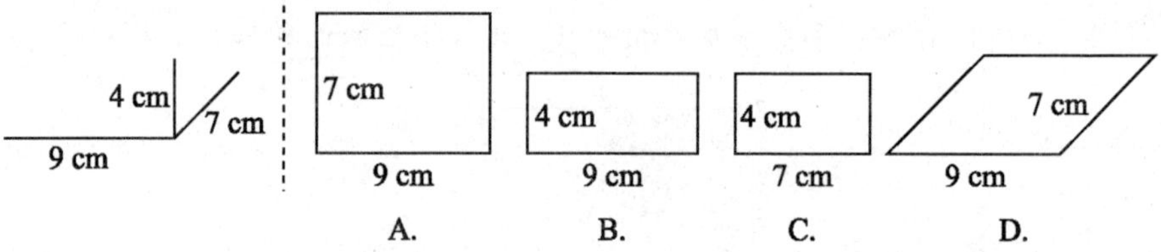

思路点拨：此题主要考查学生对长方体每个面意义的理解，从长 9 厘米、宽 7 厘米、高 4 厘米，可以推出长方体上、下面长方形的长是 9 厘米，宽是 7 厘米，所以正确的选项是 A。

2. 排除法

即将已知条件，问题和选择支结合起来考虑，逐步排除错误的，筛选出正确的。

［例题］小明在计算3✹9×✹6这道三位数乘两位数的算式时，不小心滴上两滴墨水，这道题的积可能是（　　）。

A. 2954　　B. 25764　　C. 32645　　D. 240054

思路点拨：此题主要考查学生对三位数乘两位数积的估算能力，有利于学生数感的培养。可以采用逐一排除法进行选择，首先从积的位数来分析，三位数乘两位数的积要么是四位数，要么是五位数，选项D，240054是六位数，直接排除；从积的个位分析，9乘6等于54，个位一定是4，选项C，32645的个位是5，肯定是错的，又排除了；剩下选项A和B，再设数分析，乘数两位数的十位取最小的数1，算出来的结果也不可能是选项A的2954，再次排除，因此，这道题的积可能是B选项25764。

［例题］下图中，N是数轴上的一个数，N适合表示（　　）。

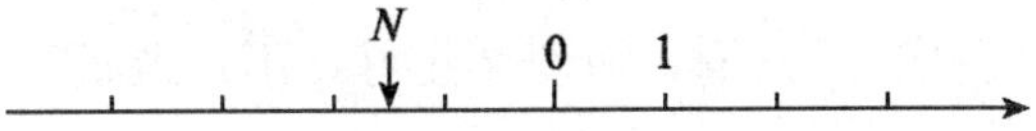

A. -0.5　　B. -1.5　　C. 2.5　　D. $-2\frac{1}{2}$

思路点拨：此题主要是考查学生对负数内涵的理解，可以采用排除法选择。数轴上，以0为分界点，右边表示的是正数，越向右，数轴上的点表示的数就越大，数轴左边表示的是负数，越向左，数轴上表示的数就越小。根据这一原理判断，N点在数轴的左边，表示的是一个负数，选项C的2.5是一个正数，直接排除；选项A的-0.5应该是介于-1和0之间，不适合N点表示的数；选项B的-1.5介于-1和-2之间，适合于N点表示的数；选项D的数介于-2和-3之间，排除。也可以直接从整体考虑，N点的数是介于-1和-2之间，四个选项中，只有B选项的数-1.5是适合的，因此，选择B。

3. 计算法

即通过计算来选择正确选项的方法。

［例题］1. 601÷47的商最接近（　　）。

A. 10　　B. 13　　C. 14　　D. 15

2. 一个数除以34，商是11，当余数最大时，这个数是（　　）。

A. 407　　B. 417　　C. 427　　D. 437

3. 计算哪道除法算式时，第一次试商后要把商调大（　　）。

A. 334÷41　　B. 156÷32　　C. 315÷39　　D. 69÷26

思路点拨：三道选择题功能各异，例题1、例题3选择题考查学生列竖式计算、试商、调商、估商的能力；例题2选择题考查学生理解余数与除数的关系及“被除数＝除数×商＋余数”这一数量关系。三道题都需要学生通过计算来选择正确答案。例题1，601÷47＝12……37，对照四个选项，选项B的商13，接近12……37，因此，正确的答案是选项B。例题2首先要确定余数，除数是34，要使余数最大，根据余数要比除数小的原理，余数最大是33，再根据被除数＝除数×商＋余数，列式算出34×11＋33＝407，所以选择A。例题3，要选择把商调大的算式，根据试商的方法，把除数看大了，商偏小，要把商调大，A、B两题的除数是看小的，直接排除，剩下C、D两选项，通过计算发现315÷39，把39看成40试商，初商7偏小，要调整为8，而69÷26，把26看成30试商，初商2正好，不用调商，所以正确的选项是C。

4. 赋值法

即从题目的条件出发，选取符合条件的值，代入题中算出结果，从而选出正确的答案。

［例题］一个正方体的棱长扩大3倍，体积扩大（　　）倍。

A. 3　　B. 9　　C. 18　　D. 27

思路点拨：此题没有告诉正方体的棱长，不好选择，为了计算方便，可以通过假设原正方体的棱长为1厘米，求得体积为1×1×1＝1（立方厘米），棱长扩大3倍后，现在正方体的棱长为3厘米，求得体积为3×3×3＝27（立方厘米），进而求得现在正方体的体积是原来正方体体积的27÷1＝27倍，所以选择D。

［例题］一种商品先提价20%后，再降价20%，最后价格相当于原来价格的（　　）。

A. 100%　　B. 60%　　C. 96%　　D. 120%

思路点拨：此题没有告诉商品的价格，给选择带来了困难，为了计算的简便，假设这种商品的价格是10元，求得提价20%后是10×(1＋20%)＝12

（元），再降价 20%后是 12×（1－20%）＝9.6（元），进而求得最后价格相当于原价的 9.6÷10＝96%，所以选 C。

5. 枚举法

即将符合问题的答案都列举出来，再对照选择支，选出正确答案。

[例题] 2、7、9、10 这四个数能组成________对互质数。

A. 3　　B. 4　　C. 5　　D. 6

思路点拨：2、7、9、10 这四个数中组成互质数的有：2 和 7、2 和 9、7 和 9、7 和 10、9 和 10，一共 5 对，所以选 C。

6. 联系法

即将选择支的数据和实际生活、生产联系起来考虑，逐一舍去不切合实际的，得出符合实际的答案。

[例题] 对下列数据的估计，最准确的是________。

A. 体育场一圈跑道长 400 分米

B. 一个苹果重 50 千克

C. 学生学习用的课桌面积约是 0.4 平方米

D. 一只热水瓶的容积是 2 毫升

思路点拨：此题主要考查学生的量感，要联系实际生活进行分析。选项 A，体育场一圈跑道长 400 分米，即 40 米，与规范跑道一圈 400 米，相去甚远，不合实际，排除；选项 B，一个苹果重 50 千克，日常生活中有见过这么大的苹果吗？不合实际；选项 D，一只热水瓶的容积 2 毫升，比一瓶墨水的容积还小很多，与实际生活中的热水瓶不合拍，显然这些数据的估计是不切实际的。而选项 C，学生学习用的课桌面积约是 0.4 平方米，40 平方分米，是比较切合实际的，所以选 C。

7. 综合法

即结合意义法、排除法、计算法、联系法等多种方法来选择。

[例题] 在一次植树活动中，植树队种了 110 棵树，其中死亡 5 棵，又补种了 5 棵，全部成活。这次活动植树的成活率是（　　）。

A. 110%　　B. 100%　　C. 95.7%　　D. 90.1%

思路点拨：此题主要考查学生对于成活率的理解，成活率最高只能达 100%，排除 A 选项；根据成活率等于成活的棵数÷栽的总棵数×100%，列式(110－5＋5)÷(110＋5)×100％≈95.7％，所以选择C。

以上例举了解答选择题的常用方法，在实际应用中这些方法并不是孤立的，而是相互帮衬的，关键是合理选择方法。

（二）建立等量关系“六法”

方程解与算术解法有明显不同的思维方式，学生长期受算术解法程序性思维的影响，过渡到方程解法的代数思维，学生们往往不适应。其中建立等量关系是列方程解应用题的关键环节，如何引导学生有效地突破这一环节，顺利地列出方程呢？在多年的教学实践与思考中，笔者通过结合实际的例子引领学生经历建立等量关系的过程并总结相应的方法，有效地突破了这一难点，取得了较好的教学效果。

1. 抓关键词

在学习列方程解应用题前学生已经积累了一些基本的数量关系，如“总数－用去＝剩下”“单价×数量＝总价”“速度和×相遇时间＝路程和”等。这些数量关系中的数量就成了一道应用题的关键词。因此，引导学生抓住关键词，并联想相应的数量关系，可顺利地建立等量关系。

[例题] 两地间的公路长480千米，A、B两车同时从两地相对开出，A车的速度是B车的2倍，经过4小时两车相遇。问B车每小时行驶多少千米？

思路点拨：这是一道相遇问题，抓住关键词“相遇”联想数量关系，速度和×相遇时间＝路程和。因此，根据“速度和×相遇时间＝路程和”列等量关系。设B车每小时行驶x千米，则A车每小时行驶$2x$千米。列方程得$(x+2x)\times4=480$，解得B车每小时行驶40千米，A车每小时行驶80千米。

2. 抓比字句

有的应用题中含有“甲比乙多几（少几）”或“甲比乙的几倍多几（少几）”这样的句式，它是一种比字句式。比字句式本身就隐含着等量关系，它以句式中的“比”字为分界，可以把它看成等号，如，甲数比乙数的1.5倍少3，顺写成等量关系便是：甲数＝乙数×1.5－3，为了迎合人们的书写习惯，通常写成：乙数×1.5－3＝甲数。

[例题] 少年宫合唱队有84人，比舞蹈队人数的3倍多15人。舞蹈队有多少人？

思路点拨：抓比字句“合唱队的人数比舞蹈队的3倍多15人”建立等量

关系：合唱队的人数＝舞蹈队人数×3＋15。设舞蹈队有 x 人，列方程得 $3x+15=84$，解得舞蹈队有 23 人。

［例题］盖教学楼，实际投资了 60 万元，比计划节约 10%，计划投资多少万元？

思路点拨：抓住“实际投资比计划节约 10%”这个条件分析，以计划投资为单位“1”，列出等量关系：计划投资－计划投资×10%＝实际投资。设计划投资 x 万元，列方程得：$x-10\%x=360$，解得 $x=400$。

［例题］果园里，桃树棵数比梨树多 20 棵，桃树棵数是梨树的 $\frac{5}{4}$ 倍，梨树有多少棵？

思路点拨：抓住“桃树棵数比梨树多 20 棵”这个条件分析，列出等量关系：桃树棵数－梨树棵数＝20 棵。设梨树有 x 棵，列方程得：$\frac{5}{4}x-x=20$，解得 $x=80$。

3. 抓不变量

有的应用题尽管其他情节发生了变化，但叙述前后都指向的某一“同一量”始终没有变化，这个“同一量”就称不变量。这类题可根据“同一量”前后都没有变化建立等量关系。常见的不变量有总量不变量、部分量不变量、差量不变量。

［例题］一个服装厂原来做一套制服用布 3.8 米，改变裁剪方法后，每套节省布 0.2 米。原来做 1800 套制服的布，现在可以做多少套？

思路点拨：本题有三个量即套数、每套米数、总米数。对比原来与改变裁剪方法后的两种制服方法，只有总米数前后是不变的，抓住总米数这个不变量建立等量关系，原来的套数×原来每套的米数＝现在的套数×现在每套的米数。设现在可以做 x 套，列方程得 $(3.8-0.2)x=1800\times3.8$，解得现在可以做 1900 套。

［例题］袋里有若干个红、黄球，其中红球占 $\frac{5}{12}$，后来又往袋里放了 6 个红球，这时红球占袋里现有总球数的 $\frac{1}{2}$，黄球有多少个？

思路点拨：分析此题的红球、黄球、两球的总数三个量中，只有黄球的个数前后不变，是这道题的不变量。因此，可以根据黄球个数前后不变建立等量关系。设原来两球的总数为 x 个，则现在两球的总数为 $(x+6)$ 个。依据题意列方程得，$x-\frac{5}{12}x=\frac{1}{2}(x+6)$，解得 $x=36$，即黄球有 $36\times\frac{7}{12}=21$（个）。

4. 利用特征

利用几何体本身的特征建立等量关系。

[例题] 一个等腰三角形，顶角 70 度，每个底角多少度?

思路点拨：根据“三角形内角和等于 180 度，等腰三角形两个底角相等”这些特征，建立等量关系：顶角＋底角＋底角＝180 度。设底角为 x 度，列方程得 $70+x+x=180$，解得每个底角是 55 度。

5. 依据公式

依据几何体中的周长、面积、体积公式建立等量关系。

[例题] 一个梯形面积是 36 平方米，上底 5 米，高 4 米。下底多少米?

思路点拨：直接利用梯形面积公式“(上底＋下底)×高÷2＝面积”建立等量关系。设下底是 x 米，列方程得 $(5+x)\times4\div2=36$，求得下底是 13 米。

[例题] 一段圆柱体钢材体积是 62.8 立方米，底面半径是 2 米，求这段钢材的高是多少米?

思路点拨：直接依据“底面积×高＝圆柱的体积”这个计算公式建立等量关系。依题意，设这段钢材的高是 x 米，列方程得：$3.14\times2^2\times x=62.8$，解得 $x=5$，即这段钢材的高是 5 米。

6. 借助示意图

俗话说：一图顶千言。示意图是学习数学时用来将抽象的数量关系进行直观形象地表现出来的一种行之有效的手段，用示意图表示题中的已知量和未知量，可以明显地看出数量之间存在的等量关系。因此，引导学生学会把抽象的数量关系转化为直观的示意图，借助示意图来建立等量关系，有效地实现数形结合，发挥了形象思维和抽象思维的协同作用，从而获得问题的解决。

[例题] 果园里有桃树和杏树共 180 棵，杏树的棵数是桃树的 3 倍。桃树和杏树各有多少棵?

思路点拨：这是一道和倍问题，抓住“杏树的棵数是桃树的 3 倍”这个条件分析知道，桃树的棵数是1倍数，杏树的棵数是3倍数。它们的关系可以用线段图表示，为了不使问题复杂化，画线段图时一般先画1倍数，再画几倍数。因此，依据题意画线段图如下（x 先不标上）：

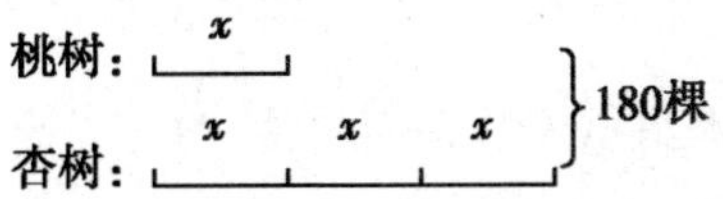

从图上非常直观地看出等量关系：桃树的棵数+杏树的棵数=180棵。设桃树有 x 棵，并在线段图上标上 x，列方程得 $x+3x=180$，解得桃树有45棵，杏树有135棵。

以上例举了建立等量关系的6种方法，它们并不是彼此孤立，而是相互联系的，如抓关键句、抓不变量、抓比字句这些策略有时需要借助图解策略才能更好地揭示条件中蕴含的等量关系。因此，在策略的使用上，应注意彼此兼顾，灵活运用。

（三）化归法的应用

化归思想是一种重要的数学思想。其本质是把原问题尽可能转化为能解决或较易解决的问题。在小学数学中，化归思想的应用非常广泛，如，基本运算中，减法、除法分别化归成加法、乘法来完成；分数运算中，异分母分数的加、减运算借助于通分化归为同分母分数加、减，进而化归为整数（分子）的加、减运算来实现。要实现一次化归，必须考虑化归的方向、化归的对象和化归的方法。化归的方向即变形的目标；化归的对象是整体还是局部；化归的方法一般有变形法、分解法和插入法。

1. 变形法

即在解决问题的过程中，将原问题的条件、问题、情节等进行适当的变形，以解决变形后的问题来获得原问题的解。

（1）变条件

[例题] 学校美术组有35人，其中男生人数是女生人数的$\frac{2}{3}$。女生有多少人？

思路点拨：已知美术组总人数，而单位“1”是女生人数，把单位“1”转化为总人数便可直接求解。因此，把条件“男生人数是女生人数的$\frac{2}{3}$”转化成“女生人数是美术组总人数的$\frac{3}{2+3}=\frac{3}{5}$”，即可直接求得女生有 $35\times\frac{3}{5}=21$（人）。

［例题］学校美术组有 35 人，是合唱组人数的$\frac{5}{8}$。学校合唱组有多少人？

思路点拨：已知美术组总人数，而单位“1”是合唱组人数。因此，把条件“美术组人数是合唱组人数的$\frac{5}{8}$”转化成“合唱组人数是美术组人数的$\frac{8}{5}$”，即可直接求得学校合唱组有 $35\times\frac{8}{5}=56$（人）。

［例题］某车间男工人数是女工人数的$\frac{4}{5}$，后来从外车间调来了 2 名女工，这时男工人数是女工人数的$\frac{3}{4}$。原来全车间有多少人？

思路点拨：从题意可知，分率$\frac{4}{5}$、$\frac{3}{4}$分别是以前、后女工人数为单位“1”的，前、后女工人数不一样，是个变化的量，而男工人数前后没有变化，是个不变量。因此，将原题含有分率的两个条件进行转化，把条件“男工人数是女工人数的$\frac{4}{5}$”转化成“女工人数是男工人数的$\frac{5}{4}$”；条件“男工人数是女工人数的$\frac{3}{4}$”转化成“女工人数是男工人数的$\frac{4}{3}$”，这样统一成以不变量男工人数为单位“1”。根据转化后的条件，可以求得男工人数有 $2\div\left(\frac{4}{3}-\frac{5}{4}\right)=24$（人），原来女工人数有 $24\times\frac{5}{4}=30$（人），原来全车间有 $24+30=54$（人）。

（2）变问题

［例题］有 16 支足球队参加比赛，比赛以单场淘汰制进行。一共要进行多少场比赛后才能产生冠军？

思路点拨：问题是求“一共要进行多少场比赛后才能产生冠军”，换个角度思考，可将问题变成“要淘汰多少支球队才能产生冠军”。因为冠军队只有 1 支，所以要淘汰 $16-1=15$（支）球队，即一共要比赛 15 场后才能产生冠军。

（3）变情节

［例题］学校买来一批故事书，如果分给五、六年级的学生，每人可分得4本；如果只分给五年级的学生，则每人可分6本。如果只分给六年级的学生，每人可分多少本？

思路点拨：这道题的数量关系比较隐蔽，一下子很难找到解题的思路。我们不妨先进行情节变化：一项工程由甲、乙两队合做4天可以完成，如果由甲单独做要6天完成；如果由乙单独做要多少天才能完成？情节一变，原来是一道工程问题，这样就找到了解题方法，即只分给六年级的学生，每人可分$1\div\left(\frac{1}{4}-\frac{1}{6}\right)=12$（本）。

2. 分解法

即把需要解决的问题按照可能与需要分成若干部分，直到可以圆满解决为止。G·波利亚说过，“当面临的问题比较困难时，我们可能感到很有必要进一步把问题再分解成几个部分”“分解问题后，我们试用某个新方式重新组合其元素，尤其是，我们可以尝试把问题的元素重新组合成某个新的、更好下手的问题”。

［例题］某车间生产一批零件，第一天2名师傅和3名徒弟生产了125个，第二天3名师傅和2名徒弟生产了150个，照这样计算，4名师傅和5名徒弟1天能生产多少个零件？

思路点拨：根据“第一天2名师傅和3名徒弟生产了125个，第二天3名师傅和2名徒弟生产了150个”这两个条件，即可知5名师傅和5名徒弟一天共加工零件125＋150＝275（个），便可求得1名师傅、1名徒弟1天共加工零件275÷5＝55（个）；也可知1名师傅比1名徒弟一天多加工零件150－125＝25（个）。经过分解两个条件得出师傅、徒弟一天加工零件个数的和与差，根据和差问题的解题方法，求得一名师傅一天能生产零件（55＋25）÷2＝40（个），1名徒弟1天生产零件40－25＝15（个），即4名师傅和5名徒弟1天能生产40×4＋15×5＝235（个）零件。

［例题］小马虎在计算一道两位数加法试题时，由于粗心，将其中一个加数个位上的5看成了9，把另一个加数十位上的7看成了1，结果所得的和是

52。这道题的正确答案是多少？

思路点拨：我们分别从分解两位数的个位、十位入手，根据“将其中一个加数个位上的5看成了9”这个条件，知道和增加了9－5＝4；又根据“把另一个加数十位上的7看成了1”这个条件，知道和减少了70－10＝60，组合两次的结果，这道题正确的答案是52＋60－4＝108。

3. 插入法

即不改变原问题的主要表述形式，而仅仅是在其中插入一些成分，使原问题的数量关系由隐蔽转化为外显，从而找到正确解答原问题的途径。G·波利亚在数学方法研究中多次强调了这种方法的优越性，他认为“去设计并给学生一个合适的辅助问题，从而用它求得一条通向一个表面上看来很难接近的问题的通道，这是富有特色的一类智力活动”。

［例题］一百馒头一百僧，大僧三个更无争，小僧三人分一个，大小和尚各几人？

思路点拨：这道题的意思是说，有100个和尚分吃100个馒头，大和尚每人吃3个，小和尚3人吃一个，问大、小和尚各有多少人？我们可以假定每人吃的馒头都增加为原来的3倍，那么大和尚1人吃9个，小和尚3人吃3个，即每人吃1个，这样一百个和尚共吃300个馒头。经分析可知，小和尚每人吃的馒头数正好等于人数，大和尚每人吃的馒头数比人数多8，现在一共吃的馒头数比人数多300－100＝200（个），由此可知，大和尚有200÷8＝25（人），小和尚有100－25＝75（人）。

［例题］计算11111111×11111111＝？

直接计算非常复杂，而且还易出错，如果退而求之，即根据1×1＝1，11×11＝121，111×111＝12321，猜想1111×1111＝1234321，11111×11111＝123454321，经验证结果正确，那么原问题就容易解决了，所以11111111×11111111＝123456787654321。

［例题］笑笑有童话书若干本，两本两本地数，余一本；三本三本地数余两本；五本五本地数，余四本。问笑笑至少有多少本童话书？

思路点拨：我们不妨设想，多给笑笑一本童话书，那么原问题就化归为另一个问题：笑笑有童话书若干本，两本两本地数，三本三本地数，五本五本地数，都恰好数完。问笑笑至少有多少本童话书？这样问题就变得容易了，先求出 2、3、5 的最小公倍数 2×3×5＝30，再减去设想时多放入的一本，问题便得以解决，即笑笑至少有童话书 30－1＝29（本）。

总之，在小学数学教学中，培养学生运用化归法解题，不仅能起到巩固旧知识，促进理解掌握新知识的作用，而且可以促进学生把握事物的发展进程，使学生对事物的内部结构、纵横关系、数量特征有较为深刻的认识，促进学生理性思维的发展。

（四）转化法的应用

笔者曾以计算题 710÷7－500÷7 在四年级和六年级做过测试，大多数学生的思维都陷进了除不尽的思考之中，而无法转身。其实，四年级的学生学了乘法分配律，就可以套用乘法分配律进行解决。原式＝(710－500)÷7＝210÷7＝30，而六年级的学生除了套用乘法分配律外，还可以把除法转化为分数进行计算。原式$=\frac{710}{7}-\frac{500}{7}=\frac{210}{7}=30$。

针对习惯于“一根筋”，不知转身，不知变通的思考现状，教学中如何训练学生的思维变通能力呢？

1. 变抽象数量为直观图形

［案例］两个数相除的商是 5，余数是 6，如果被除数、除数、商和余数的和是 161。问被除数、除数分别是多少？

师：读了题中的条件和问题你有什么感觉？

生：我感觉很模糊，理不出头绪。

生：我也感觉关系理不清，不知从何下手。

师：看来，同学们的感觉跟老师的一样。那有什么办法能将题中的条件清楚地表示出来呢？

生：我记得四年级下册时，学习了画图的方法，我认为可以画图表示。

师：是的，我们可以通过画图的方法来理清它们之间的关系。那依据哪个条件画图呢？

生：我觉得可以根据两个数相除的商是 5，余数是 6，这两个条件画图。其实换一种说法就是被除数是除数的 5 倍多 6。

师：他说得有道理吗？

生：有道理。

师：你能将条件进行转化，说明你洞察条件之间联系的能力很强。

师：根据转化的条件，你们能画图吗？试试看。（学生画图，教师巡视）

师：谁来展示？

生：

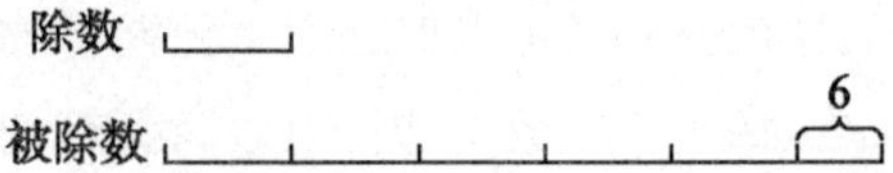

师：你们画得跟他差不多吗？告诉同学们，从图上你能获取哪些有用的信息？

生：从图上可以直观看出，除数是 1 倍数，看成 1 份，被除数有这样的 5 份，还多 6，可以把被除数表示成除数×5+6。

师：你不仅线段图画得好，两者的关系也说得很好，真是能画能说。谢谢你！

师：那接下来，我们又该如何寻找其它关系呢？

生：我认为可以根据被除数、除数、商和余数的和是 161，写出它们的等量关系。

师：你真善于思考。（学生写等量关系，教师巡视指导）

师：谁来汇报？（学生说，师板书）

生：我写的等量关系是：5×除数+6+除数+5+6=161，这里的 5×除数+6 表示被除数，5 表示商，6 表示余数。

师：你不仅写得好，解释得也很好。谁能把这个等量关系再理一理？

生：可以这样理，把 5 个除数和一个除数合起来是 6 个除数，加上 17(6+5+6)，等于 161。

师：也就是这样写：6×除数+17=161，你真善于梳理。现在能求出什么？

……

师：通过解这道题你有什么收获？

生：我的收获是遇到不好理解的题目时用画图来表示它们之间的关系。

生：我进一步感到画图是一种好策略。

生：我认识到要让自己的思维学会变通……

华罗庚说：数缺形时，少直观；形少数时，难入微。这个案例中的数量关系抽象，如果直接让学生根据文字的理解来列式，恐怕只有少数的学生会做。尤其是列算术法解，求除数的列式：(161－5－6－6)÷(5＋1)，式中 161 为什么要减去两个 6，结果为什么要除以（5＋1）的和，学生不借助于线段图是非常难理解的。因此，当从纯文字的角度难以理解其中的数量关系时，教师让学生变通，换个角度思考，变抽象的数量关系为直观形象的图形。这样，直观形象的图形将成为学生思维的抓手，学生从图上能清晰地理解被除数与除数的关系，被除数可以表示成除数×5＋6，有效地突破了 161 为什么要减去两个 6，又为什么要除以（5＋1）的和这两个难点。最后通过梳理解这道题的收获，强化学生的认识，积累变通思维的经验。

2. 变形不规则为形规则

［案例］求右图的周长。（单位：厘米）

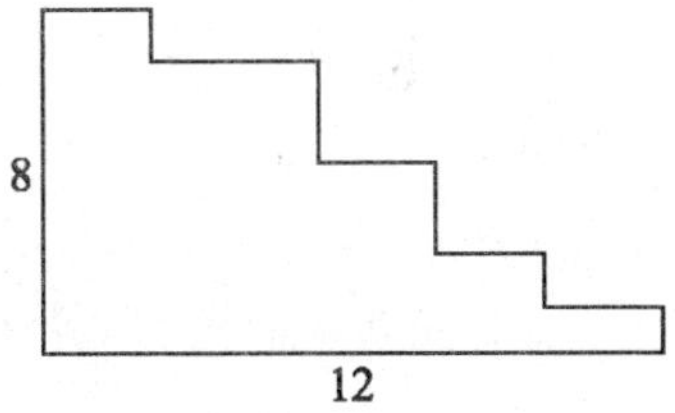

师：你能求出这个图形的周长吗？

生：如果能求出每小段的长度就会了。

师：好，那我们就来求求每一小段的长度吧！（学生求，师巡视）

师：谁求出来了？

生：横向每一小段不一样长，求不来。

生：竖向每一小段也不一样长，也求不出来。

师：看来一小段、一小段求是不可能了。

师：我们先来看看这个图形有什么特点？

生：一级一级像楼梯。

生：不像长方形那样规范。

师：对，这是个不规范的图形，我们把它叫不规则图形。前面学了规则图形的周长，遇到不规则图形，该怎么办呢？小组讨论。

师：哪一小组来汇报？

生：我们小组觉得可以把这个不规则图形变成规则图形。

生：我们小组也这么认为。

师：好，既然大家都觉得可以把不规则图形转化为规则图形，那么到底用什么方法转化呢？

生：我们组觉得可以用平移的方法，将向下的 4 小段向上平移，向左的 4 小段向右平移，就变成了规则图形。

师：请你上台画给大家看。

生：我是这样画的：

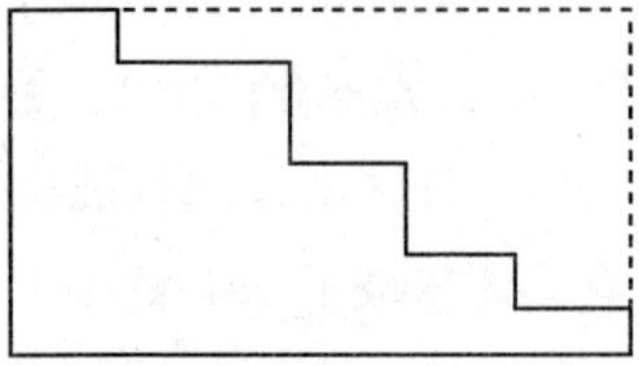

师：这样平移有道理吗？

生：有道理，我们组也是这么画的。

师：你们真善于联想。平移的结果是把不规则的图形变成规则的图形。现在好求吗？

……

师：由原来的不会求到现在这么好求，对你有什么启示？

生：解这道题对我的启示是，当遇到求不规则图形的周长时，要先变成规则图形再来求。

生：不规则变规则，可以用平移、旋转、对称的方法。

学生第一次求这样不规则图形的周长，常规的思维都是考虑怎样才能求出那一小段一小段的长度，而陷入死胡同，不懂转身。教师有意让学生经历碰壁，之后，引领学生体验一次思维的自觉变通，最后通过启示提升认识，积累变通经验。

3. 变常规繁难为以退为进

［案例］五（1）班有50个学生，新学期大家见面了，每两个同学互相握一次手，一共要握多少次手？

师：读完题有何感想？

生：要求出50个同学一共握多少次手，可以慢慢数。

生：我觉得很容易数乱。

师：如果人数再多些呢？

生：那就更容易乱。

师：看来，用常规的方法数，既繁琐，又容易乱。那么有没有不繁的方法呢？

生：用画图的方法。

生：50 个同学用画图的方法也是不好表示的，也是乱的。

师：人数多画图乱，如果人数少呢？

生：我知道了，可以用人数少来画图。

师：好，我们先来研究人数少的握手情况，看有什么规律。先研究 3 个同学的情况。

生：我来画，一共握 3 次手。

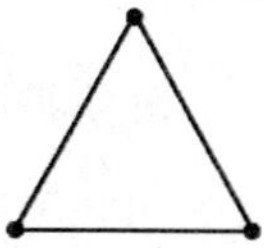

师：这里的 3 次可以怎样理解？

生：我是这样理解的：第一位同学与第二位同学和第三位同学各握一次手，握了 2 次，第二位和第三位握 1 次，合起来 3 次。

师：这 3 次写成算式：3＝2＋1。谁来说说，2、1 分别表示什么？

生：2 表示第一位同学与第二位同学和第三位同学各握一次手，1 表示第二位和第三位握一次手。

师：你说得非常好，那 4 位同学的情况呢？你能用画图的方法与算式结合的方法表示出来吗？

生：我们试试，相信一定可以。

师：好，我拭目以待。谁来汇报？

生：我用图表示，用算式表示 6＝3＋2＋1，这里的 3 表示第一个同学与另三个同学各握一次手，2 表示第二个同学与剩下的两个同学各握一次手，1 表示第三个同学与第四个同学握一次手，合起来共握 6 次手。

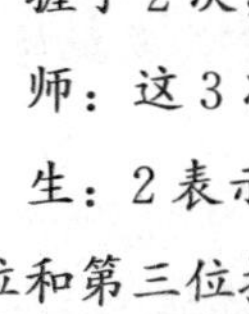

师：你理解得真到位，其他同学呢？

师：通过这两道题的画图表示，算式表示，你有什么发现？

生：我发现规律，3 个同学握手次数是 2＋1，4 个同学握手次数是 3＋2

＋1，那么5个同学握手次数就是4＋3＋2＋1。

师：同意他发现的规律吗？

生：同意。

师：好像真的是那么回事，到底是不是这个规律呢？我们再来验证。

生：5个同学握手次数可以这样想，第一个同学要跟其余4个同学各握一次手，第二个同学要跟余下的3个同学各握一次手，以此类推，一共要握4＋3＋2＋1＝10次。

生：我用画图来表示也是10次。

师：看来，同学们真的发现了其中的规律。现在你能求50个同学握手的次数了吗？

生：能，直接列式就是：49＋48＋47＋46＋45＋44＋43＋…＋3＋2＋1＝1225。

师：解这道题我们运用了一个非常重要的策略——以退为进。即我们面临常规方法解很繁琐时，可以避其繁，退到简单处，从简单入手，发现规律，再运用规律求，这样，难题变不难了。

师：通过解这道题，你有什么想法与同学们分享？

生：我想与大家分享，当我们遇到用常规方法解很复杂时，可以用以退为进的方法。

生：我第一次学习以退为进的方法，它的确是个不错的方法，希望同学们以后能自觉运用它。

华罗庚说："善于退，足够地退，退到最原始而不失去重要性的地方是学好数学的诀窍。"求50个同学的握手次数问题，如果直接让学生画图求解将是繁琐至极，教师让学生体会繁乱之后，引领学生思维变通，经历了以退为进的解题策略，在分享中提升对该策略的认识，积累变通的经验。

以上三个案例，教师非常注重让学生积累思维变通的经验，当这种经验积累到一定程度，学生会自觉让思维变通，学会换一个角度看问题，从而把看似复杂的问题简单化。我们的学生就会发现数学其实很简单，进而喜欢上数学，这不正是我们做教师的所期望的吗？

（五）整体思维法的应用

有些数学问题，采用"各个击破"的解题方法难以奏效或不简便时，从整体思量，则有柳暗花明之效。整体思维策略就是在研究和解决有关数学问题时，从整体观点出发，有意识地放大思考问题的“视角”，纵观全局，通过研究问题的整体形式、整体结构、整体特征，并对其进行调节和转化，从而使问题得到解决的解题方法。从整体上去认识问题、思考问题，常常能化繁为简、变难为易，同时又能培养学生思维的灵活性、敏捷性。

1. 部分繁求，整体思量

［例题］如图，在三角形内分别以三个顶点为圆心，画三个半径为 2 厘米的扇形，这三个扇形的面积之和是多少平方厘米？

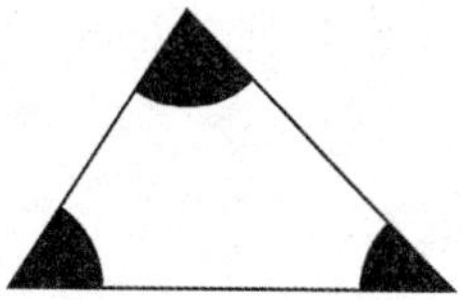

思路点拨：常规的思路是逐一求出每个扇形的面积，再把三个扇形的面积相加，这样思考将使思维陷入困境。因此，转变思维角度从整体思量，因为这三个扇形的圆心角刚好是三角形的三个内角，若把这三个扇形合拼起来刚好是一个半径是 2 厘米的半圆，所以这三个扇形的面积之和是 $3.14\times2^2\div2=6.28$（平方厘米）。

［例题］有甲、乙、丙三种货物。如果买甲 3 件，乙 7 件，丙 1 件，共花去 3.15 元；如果买甲 4 件，乙 10 件，丙 1 件，共花去 4.20 元。现在买甲、乙、丙各 1 件，需要花多少钱？

思路点拨：一般的想法是先求出甲、乙、丙每种货物各多少钱，再相加，而此题这样想就是“绕弯路”“自讨苦吃”了。因此，变更思考方向，把甲、乙、丙三种货物看成一个整体来求。由已知条件得：

①买甲 3 件，乙 7 件，丙 1 件，共花 3.15 元

②买甲 4 件，乙 10 件，丙 1 件，共花 4.20 元

观察比较两个条件，要想求出买甲 1 件，乙 1 件，丙 1 件，共需花多少钱，必须使上述①与②中对应的“件数”相差 1。为此，两个已知条件分别转化成：

将条件①中的每个量都乘 3，得：

③买甲 9 件，乙 21 件，丙 3 件，共花 9.45 元

将条件②中的每个量都乘 2，得：

④买甲 8 件，乙 20 件，丙 2 件，共花 8.40 元

所以，买甲、乙、丙各一件，共需要花的钱数为 $9.45-8.40=1.05$

（元）。

［例题］如下图，正方形的面积是 50 平方厘米，三角形 ACD 的两条直角边中，长边是短边的 2.5 倍，求三角形的面积是多少平方厘米？

思路点拨：按照常规的解法，根据三角形面积＝底×高÷2，便想方设法去求底和高。但条件中只告诉了底和高的倍数关系，而底和高的实际长度都是未知量。因此，仅从三角形的底和高去考虑显然是行不通的。

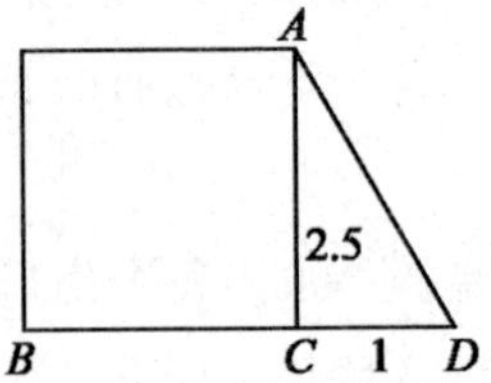

但如果从整体上观察图就可发现：三角形的一条直角边也是正方形的一条边，它的长等于正方形的边长。设正方形的边长是 a，那么，

$$\frac{S_{三角形}}{S_{正方形}}=\frac{\frac{1}{2}\times a\times(a\div 2.5)}{a\times a}=\frac{1}{5}$$

也就是说三角形的面积是正方形面积的 $\frac{1}{5}$，因为正方形的面积是 50 平方厘米，所以，可直接求得三角形的面积是：$50\times\frac{1}{5}=10$（平方厘米）。

2. 部分变化，整体思量

［例题］计算 $0.25\times19+\frac{3}{4}\times27$。

思路点拨：常规思维是按部就班地按顺序计算，但对于这道题，此法并不简便。如果从整体观察并能抓住 $\frac{3}{4}=0.75$，$0.75=0.25\times3$ 这个特点，对算式进行合理变形，再根据乘法分配律的反用，就会得出巧妙的解法。

$$\begin{aligned}&0.25\times19+\frac{3}{4}\times27\\=&0.25\times19+0.75\times27\\=&0.25\times19+0.25\times3\times27\\=&0.25\times(19+81)\end{aligned}$$

$=25$

［例题］甲、乙、丙、丁四人合伙购买一台彩电，已知甲付的钱是乙、丙、丁三人所付的钱的$\frac{1}{2}$，乙付的钱是甲、丙、丁三人所付的钱的$\frac{4}{11}$，丙付的钱是甲、乙、丁三人所付的钱的$\frac{7}{23}$，丁付了1000元。这台彩电多少元？

思路点拨：从条件可知三个分率$\frac{1}{2}$、$\frac{4}{11}$、$\frac{7}{23}$所依附的“单位1”不断变化，不能直接相加减。从整体思量，只有这台彩电的价格不变，以这台彩电的价格为“单位1”，将部分变化转化为整体不变，以不变应万变。即甲付的钱是这台彩电价格的$\frac{1}{1+2}=\frac{1}{3}$，乙付的钱是这台彩电价格的$\frac{4}{11+4}=\frac{4}{15}$，丙付的钱是这台彩电价格的$\frac{7}{23+7}=\frac{7}{30}$。由此求得丁付的钱正好是这台彩电价格的$1-\frac{1}{3}-\frac{4}{15}-\frac{7}{30}=\frac{1}{6}$，所以这台彩电的价格是$1000\div\frac{1}{6}=6000$（元）。

3．情节复杂，整体思量

［例题］甲、乙两队学生从相距19千米的两地同时出发，相向而行，一个同学骑自行车，同时以每小时15千米的速度在两队间不停地往返联络。甲队每小时行5千米，乙队每小时行4.5千米，两队相遇时，骑自行车的同学共行多少千米？

思路点拨：要求骑自行车的同学共行多少千米，已知速度15千米，求出时间，便万事大吉，此时最容易陷入骑自行车的同学往返于两队间用了多少时间这一情节，而使思维走入死胡同。而从整体思量，其实骑自行车的同学所行的时间就是甲、乙两队从出发到相遇所用的时间。根据相遇时间＝路程÷速度和，求得骑车的同学用了$19\div(5+4.5)=2$（小时），所以两队相遇时，骑自行车的同学共行了$15\times2=30$（千米）。

4．部分相同，整体思量

［例题］计算$\left(1+\frac{1}{2}+\frac{1}{3}+\frac{1}{4}\right)\times\left(\frac{1}{2}+\frac{1}{3}+\frac{1}{4}+\frac{1}{5}\right)-\left(1+\frac{1}{2}+\frac{1}{3}+\frac{1}{4}+\frac{1}{5}\right)\times\left(\frac{1}{2}+\frac{1}{3}+\frac{1}{4}\right)$。

思路点拨：整体观察算式，括号里的加数有相同的部分，把相同部分各看作一个整体，用字母表示就有：设 $A=1+\frac{1}{2}+\frac{1}{3}+\frac{1}{4}$，$B=\frac{1}{2}+\frac{1}{3}+\frac{1}{4}$，则 $A-B=1$。原式 $=A\times\left(B+\frac{1}{5}\right)-\left(A+\frac{1}{5}\right)\times B=A\times B+A\times\frac{1}{5}-A\times B-\frac{1}{5}\times B=\frac{1}{5}$。

［例题］已知，3×我开心庆六一＝4×庆六一我开心，其中每个汉字代表一个数字，问它们分别代表哪些数字？

思路点拨：观察等式，两个 6 位数只是前 3 位数与后 3 位数调换，从整体入手，设“我开心”$=a$，“庆六一”$=b$，就可以把求六个未知数字的问题转化为求两个三位数的问题，这样解题一定能方便得多。

设“我开心”$=a$，“庆六一”$=b$，则 3×“我开心庆六一”＝4×“庆六一我开心”等式变形为：$3\times(1000\times a+b)=4\times(1000\times b+a)$

将上式等式进行整理得：$2996\times a=3997\times b$

进而化简又得：$428\times a=571\times b$

因为 a 和 b 都是三位数，而且 428 与 571 互质，要使乘积“$428\times a$”与“$571\times b$”相等，必须使 $a=571$，$b=428$。所以我、开、心、庆、六、一这六个汉字分别代表 5、7、1、4、2、8 六个数字。

从以上的分析可知，解题时既要见树木，又要见森林，高瞻远瞩，从整体和全局上去观察、分析个别事物与其他事物之间的联系。这样，往往会收到事半功倍的效果。当采用“各个击破”的解题方法难以奏效时，用整体思量的眼光来处理问题。同时要根据题目特点，不纠缠于题目的局部或者细节，而是统观全局，从整体出发来设计解题方案。其中有许多关于几何图形的计算问题，更需要全面细致地观察整个图形，并在此基础上分析图中各部分的关系，通过“公共”部分“牵线搭桥”，问题才容易得到解决。用整体思量解题不仅解题过程简洁明快，而且富有创造性；有了整体思量的意识，在思考问题时，才能使复杂问题简单化，提高解题速度，优化解题过程，同时强化整体思量观念。灵活选择的整体思量方法，常常能帮助我们走出困境、走向成功。

第二节 培养思维方式

数学思维方式是指个体在进行数学思维活动过程中，所表现出来相对定型、稳定的一种思维样式。按数学思维活动的形式分为逻辑思维、形象思维、直觉思维；按思维的指向分为集中思维和发散思维；按思维的顺序分为顺向思维和逆向思维；按思维的结果有无创新来分，分为再造性思维和创造性思维。

一、形象思维的内涵与培养策略

形象思维是依靠形象材料的意识领会得到理解，以表象、直感和想象为其基本形式，以观察和实验、联想与类比以及猜想等形象方法为其基本方法的思维方式。形象思维是数学思维的先导，在获取数学知识与解决数学问题的过程中，形象思维是形成表征的重要思维方式。

（一）积累数学表象——培养形象思维的奠基工程

数学表象是从事物的形体物象中通过形式结构特征的概括得到的观念性形象。它是数学形象思维的基本元素。形象思维是从表象这种思维形式开始的，没有表象的活动就没有形象思维，所以积累正确、丰富的数学表象，是培养形象思维的奠基工程。数学中应通过多种手段丰富学生的感知，帮助学生建立较为充分而深刻的表象，在逐步“数学化”的过程中完成对数学对象的“再创造”，促进知识的意义建构。

1. 合作操作，积累表象

动手操作能使学生多种感官都参与到学习中来，从而在头脑中建立形象、积累表象。如教学“圆的周长”时，教师先请四人小组内每人拿出一个课前剪好的圆形硬纸板，分别用直尺量出它们的直径，用软绳量出周长，并思考圆的周长与直径有什么关系。在学生测量、计算、观察、讨论等活动中，“群体可以服务于产生新思维”，正由于每个人所测圆的大小不同，所以得到不同的直径和相对应的周长，而每一个圆的周长与直径的比却不变，在对众多对象的分析中，揭示“变”与“不变”，帮助学生建立起圆的周长总是直径的3倍多一些的表象。

2. 辨别比较，积累表象

当学生获得对数学知识的感性认识后，可通过辨别比较来了解学生的感知是否正确，积累的表象是否牢固。如学生认识了方程的意义后，可以让学生辨别式子①$5x+3$ ②$5x+3=8$ ③$5x+3<8$ ④$5\times3=8$ ⑤$5x+3=0$哪些是方程，哪些是等式。学生在比较中，必须调用已形成的方程的表象——含有未知数的等式去辨别，从而帮助学生进一步积累方程的表象。

3. 举例内化，积累表象

当学生能把初步获得的概念简单运用于实际，通过自举实例来说明概念，说明学生已经对这个概念形成了比较牢固的表象。有经验的教师，根据小学生对概念的认识通常带有具体性的特点，在通过分析、综合、抽象、概括出概念后，总是让学生自举例证，把概念具体化。如学习了“厘米的意义”后，让学生说说身边有哪些物体的长度大约是1厘米？学习了“平行四边形”后让学生说说哪些地方有平行四边形？……通过自举实例，不仅培养了学生演绎推理能力，还有效地帮助他们积累数学表象。

4. 引导默想，积累表象

没有形象记忆，就不可能有表象积累。让学生将感受到的直观形象在脑子中“放电影”，通过默画、默述、默记、默想等手段，逐渐强化记忆。如教学“长方体的表面积”，教师让学生观察教室也是一个长方体，我们坐在长方体中，前面的面积等于长×高，下面的面积等于长×宽，左边的面积等于宽×高，再让学生闭眼想一想每个面的面积是由哪两条棱相乘得到的，从而将长方体每一个面的面积由哪两条棱相乘得到的，这一表象立体地印在头脑中，为学习求无盖的长方体的表面积积累了丰富的数学表象。

（二）建立数学直感——培养形象思维的主要途径

数学直感是在数学表象基础上对有关数学形象的特征判别。形象思维的判断活动与抽象思维不同，它不必以概念为中介，甚至不必以语言为中介，它只需将储存在大脑中的理性表象与特征相应的某一事物的感性映像比较一下，便能直接作出判别。在数学中，对于直观实物的形体识别，即使没有抽象概念的形成，也能凭直感判别。如判别一个物体的某个面是不是长方形，低年级学生只能凭直感作判别。小学生主要运用的数学直感有形象识别直感和模式补形直感。

1. 培养形象识别直感能力，建立数学直感

形象识别直感是用数学表象这个类象的特征去比较具体数学对象的个象，根据形象特征整合的相似来判别个象是否与类象同质的思维形式。数学中形象识别直感能力的强弱主要表现于对多种图形，图式在变位、变式情况下的再认，以及在复合、综合形态下是否能正确迅速地分解辨认。形象识别直感在数学解题的思维过程中起着明显的启发引导作用。因此，在小学数学教学中，加强变图、变式的训练是提高形象识别直感能力的重要途径。

（1）加强变图训练，提高形象识别直感能力

变图训练对于丰富概念外延表象，正确掌握概念和指导解题有直接或潜在的作用。一方面，在小学几何概念的教学中，既要让学生感知标准图形，又要注意让学生对非标准图形进行感知。

①变形状。形状是指几何的高、矮、长、短、粗、细等外观特征。如教学“圆柱体的认识”时，先用柱子、铅笔、本子等较长的物体让学生感知，再用一个两底面较大，但较矮的扁平的盒子让学生辨认，区别矮、长、短、粗、细等非本质特征，建立圆柱特征的形象识别直感。

②变大小。在学生感知过程中，教师不但要引导学生观察小的几何形体，也要注意引导学生观察大的几何形体，使学生初步感知几何体的大小不是它的本质特征。如学习了“角”后，学生往往会误认为边长长的角比边长短的角大，此时，可以在黑板上画一个边长长的角和一个边长短的角让学生比较大小，从而建立角的大小与角的两边叉开的大小有关，与边的长短无关的形象识别直感。

③变位置。即注意变换几何体的观察位置，横放、竖放、斜放，让学生观察，有利于学生把握概念的本质属性，全面感知几何体的基本特征。如认识梯形后，出示一些位置变图让学生辨认识别：

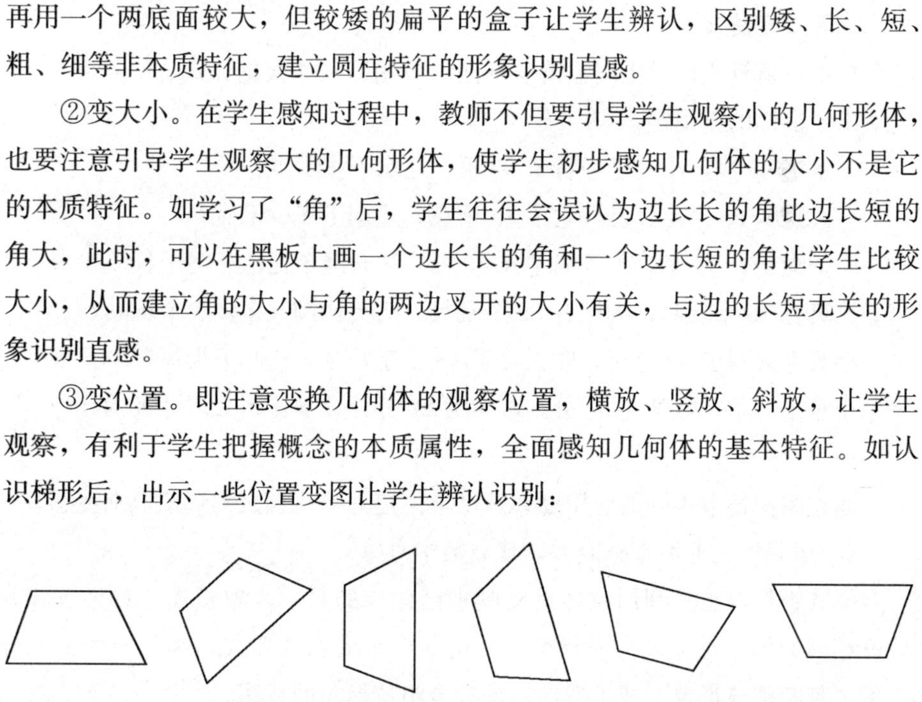

通过变位置，为学生建立梯形是只有一组对边平行的四边形的形象识别直感。

另一方面，要注意在图形复合的情形下分解辨认出基本图形。在较复杂的图形中，识别和寻求基本图形的训练，可有效地提高学生的识图能力，建立各种图形的形象识别直感。

（2）加强变式训练，提高形象识别直感能力

变式训练为式子的等价或不等价转换及公式的逆用提供形象直感，有利于增强解题思维的灵活性。

①等价变算式

在简便运算的复习中，设计等价变算式的练习，可增强学生形象识别直感。如四年下册“乘法分配律”的复习，学生练习完基本题“560×37＋560×63”之后，引导学生不改变计算结果对原式进行改编，学生合作交流，改编出了下列变式题：56×370＋560×63，560×37＋56×630，280×74＋560×63，560×37＋280×126……通过改编算式的练习，帮助学生建立等积变形的形象识别直感。

②等式变情节

根据一道算式让学生编拟情节不同的应用题。如根据算式“98－89”，学生编出了多样的应用题：

一本书 98 页，小笑已经看了 89 页，还剩下多少页？

一大袋米 98 千克，已经吃了 89 千克，还剩下多少千克？

甲条绳子长 98 米，乙条绳子长 89 米，甲条绳子比乙条绳子长多少米？

笑笑有 98 个玩具，淘气有 89 个玩具，笑笑比淘气多多少个玩具？

小天今天写了 89 个字，昨天写了 98 个字，今天比昨天少写多少个字？

小东第一单元数学考 98 分，语文考 89 分，数学比语文多考多少分？

……

通过编拟情节不同的应用题，帮助学生建立减法意义的形象识别直感。

2. 培养模式补形直感能力，建立数学直感

模式补形直感是利用主体在头脑中已建构的数学表象模式，对具有部分特征相同的数学对象进行表象补形，实施整合的思维形式。这是一种由部分形象去判断整体形象，或由残缺形象补全整体形象的直感。

（1）借助凑整思想补形

在计算中，引导学生借助凑整思想进行简算。如计算 99998＋9998＋998

+98+8，利用模式补直感将原式中的8分解成4个2，分别补给另外四个加数，使原式转化成100000+10000+1000+100，从而使计算简便。

（2）借助转化思想补形

在图形的计算中，借助化不规则为规则的转化思想，化难为易。如求下图的周长，利用模式补形直感，在等价变换中，将原图转化为基本问题，轻松获解。

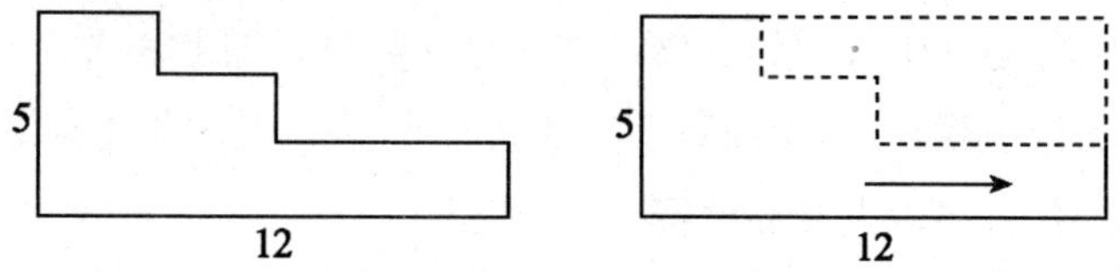

（三）发展数学想象——培养形象思维的重要手段

想象是在头脑中对已有表象经过结合和改造，产生新表象的思维过程。想象的基本材料是表象，想象的基本手段是直感。数学想象是对数学形象的特征推理，它是数学表象与数学直感在主体头脑中的有机联结和组合，直感联结的过程就是新形象的构思产生过程。

在小学数学教学中，发展数学想象可以从以下几方面入手：

1. 在学习新知中发展数学想象

教学中，要重视通过基础知识和基本技能的教学，对形象进行概括加工，引导学生以表象为基础进行想象，发展形象思维。如在教学“三角形、平行四边形和梯形的认识”后，可以引导学生想象，当梯形的一条底逐渐缩短，直到0时，梯形会变成什么形状？当梯形短的底边逐渐延长，直到与另一条底边相等时，它又会变成什么形状？通过想象，在想象的过程中不断运用这三种图形形状的表象，进一步认识了三角形、平行四边形、梯形的区别和联系。

2. 在解决问题中发展数学想象

解决问题是小学数学教学中的重要内容，问题中的数量关系具有抽象性与隐蔽性的特点。引导学生“把问题画出来”，形象展现题目中数量之间的关系，学生借助形象的支持，就比较容易找到解题途径。如解决问题：“参加数学竞赛共有60人，其中男生人数比女生人数的2倍少3人，男、女生各有多少人？”引导学生画出如下线段图，再观察线段图说说想到什么。

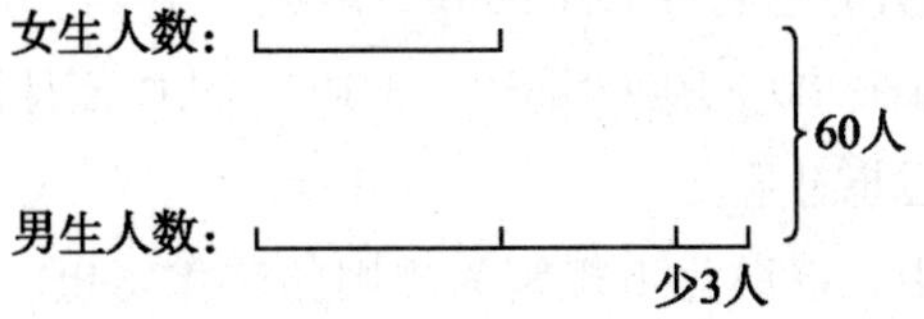

有的学生说，我想到男生人数差 3 人是女生人数的 2 倍；有的学生说，男生人数加上 3 人就是女生人数的 2 倍；有的学生说，假设男生又来 3 人参加竞赛，就正好是女生人数的 2 倍，这样总人数也要加上 3 人。有的学生说，这道题换一种说法就是："参加数学竞赛共有 63 人，其中男生人数是女生的 2 倍，男、女生各有多少人参加比赛？"

以上解题过程，由数想形，由形想数，是想象的运动和变化过程，也是形象思维和抽象思维的交叉运用、互相渗透、和谐发展的过程。

3. 在图形世界中发展数学想象

运用学过的平面图形进行想象拼图游戏，可以充分发挥学生的想象力，又有审美价值，是培养创造性想象的一种好方法。例如，将下列图形沿着虚线轴旋转一周后会得到什么图形？

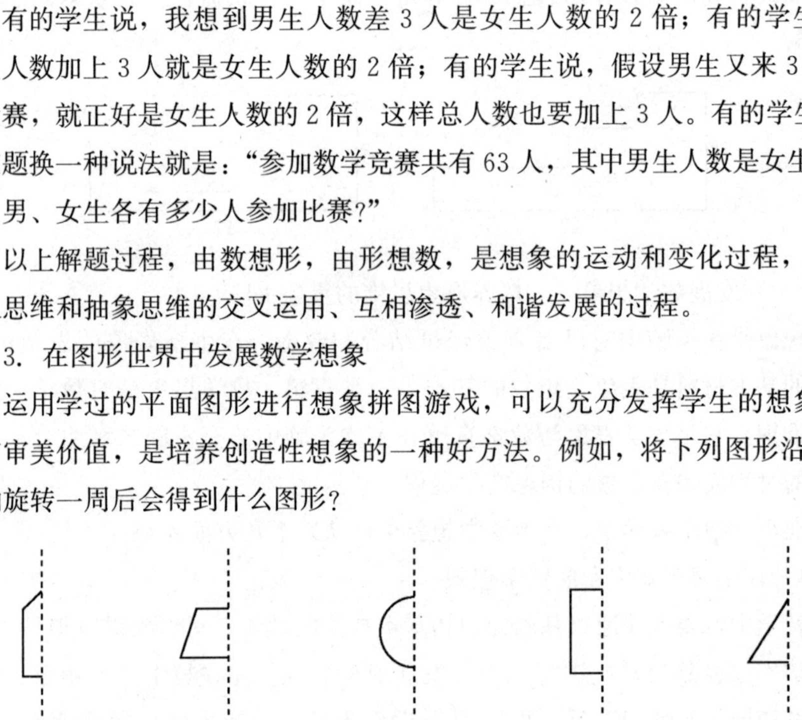

由于数学想象活动的介入，使得数学活动的形式更丰富，同时也有利于学生空间观念的发展。

数学表象，数学直感，数学想象是数学形象思维的三种基本形式，它们之间存在深刻的辩证关系。即数学表象和数学直感是数学想象的基本成分或材料，但数学直感与数学想象互为表里，互相渗透，数学想象是数学直感形成的过程，而数学直感又表现为数学想象的结果。

二、发散思维的内涵与培养策略

发散思维是不依常规、寻求变异，对给出的材料、信息从不同角度，向不同方向，用不同方法或途径去分析和解决问题的一种思维方式。

长期以来，小学数学教学以集中思维为主要思维方式，教材的表述侧重于集中思维。教师的教学侧重于领着学生按照常规习惯沿着固定方向和方法对问题进行分析思考，用符合常规的思路和方法解决问题。无疑，这对于基础知识和基本技能的掌握是必要的，但对于数学兴趣的培养、智力能力的发展，特别是创造性思维的发展，显然是不够的。而发散思维反映了创造性思维“尽快联想，尽量多地做出假设和提出多种解决问题方案”的特点，因而成为创造性思维的一种主要方式。因此，小学数学教学要有意识地培养学生的发散思维能力。

（一）夯实“四基教学”——培养发散思维能力的根基

1. 构建良好的认知结构

能力作为保证活动顺利完成的个性心理特征，是在知识的掌握和应用中发展起来的。创造性的思维更不能离开知识。试问一个知识贫乏的人，光凭其想入非非能有所创造吗？今天，我们说加强“四基”，不仅要注意知识的广度深度，更要形成良好的认知结构。根据现代学习理论的研究，影响学生学习的因素很多，内因是学生本身的认知结构、智力水平、动机、性格等，外因是教师、教材、学校、社会等，但最根本的影响是学生头脑中原有的认知结构。一个良好的认知结构可以发出更多的信息，使信息畅通，发挥迁移的作用。认知结构既是系统的又是动态的，人们是凭借着知识的迁移和认知结构逐步的完善来获取知识，并在这过程中使知识转化为能力。因此，在教学中教师要随时引导学生把新知识纳入到原有知识系统中去，使之竖成线，横成片，组成网络。

2. 掌握解决问题的策略

教学中要尽量帮助学生掌握解决问题的策略，如列表、画图、一一列举、倒推、替换、假设、转化等，这样学生在解决问题时才能通过多种途径探索。

3. 加强数量关系的训练

为了使学生在解决数学问题时思维实现有效的发散，在解决问题的教学中要加强数量关系的基础扩散训练。

（1）从条件中生发多个条件的训练。

这是综合思维的基础扩散，可从两方面着手进行：

一是给出两个条件，综合成尽可能多的新条件。如，根据“笑笑看了 40

页，淘气看了 50 页”，这两个条件，可引导学生综合得：两人一共看了多少页？笑笑比淘气少看多少页？或淘气比笑笑多看多少页？或笑笑再看多少页与淘气看得一样多？或淘气看的页数是笑笑看的几倍？或笑笑看的页数是淘气看的几分之几？两人平均看了多少页？笑笑看的页数是淘气看的百分之几？淘气看的页数比笑笑看的多百分之几？……学生综合的新条件越多，意味着解决问题时的中间问题也越多，就越可能发散出更多的新思路。

二是给出一组相关条件，交叉综合成众多的新条件。如，给出下面一组相关条件：①挖一条水渠计划 6 天完成，②每天需挖 15 米，③结果头 2 天，④每天挖了 25 米，⑤剩下的再用 2 天完成。引导学生根据其中的两个或两个以上的条件综合成新的条件。在师生、生生互动中，抓住条件①、②之间的联系，综合出这条水渠全长 15×6=90（米）这一新条件；抓住条件③、④综合出两天一共挖了 25×2=50（米）的新条件；联系条件①、③、⑤综合出实际比计划提前 6-2-2=2（天）的新条件……

（2）从问题出发，推想出多种条件组合的训练。

解决问题的分析法是抓住问题逆推出所需的条件组合。问题推想的角度不同，就需要不同的条件组合，推想的角度越宽，就越能多角度地组织条件，形成各种不同的解题思路。因此，教学中可经常进行如下的训练：给出一个问题，如“还剩下几页没有看完?”，让学生逆推出所需要的各种不同的条件组合：①“全书有多少页?”与“已经看了多少页?”，②“全书有多少页?”与“还剩下全书的几分之几没有看?”，③“已经看了多少页?”与“剩下的是已经看的百分之几?”……题中条件直接或间接地满足其中多少种条件组合，就能发散出多少种解题思路。

以上多向的基础扩散是培养发散思维的“奠基工程”，这种基础扩散的能力形成以后，就能在解决问题的具体情境中，从多方面重组和变通数量关系，实现思维的发散。

（二）激发乐于求异——培养发散思维能力的动力

赞可夫说过：“凡是没有发自内心求知和兴趣的东西，是很容易从记忆中挥发掉的。”这说明发散思维能力的形成，需要以乐于求异的心理倾向作为一种重要的内驱力。因此，教师要善于选择具体题例，创设问题情境，精细地诱导学生的求异意识。如，教学北师大版六年级下册“小数、分数、百分数和比”一课，回顾和交流的第二题要求学生用尽可能多的方式解释“$\frac{3}{4}$”的含义。学生已经学习了比、分数、除法的关系，教师告诉学生，解释“$\frac{3}{4}$”的含义可有多种方式，就看同学们会不会动脑筋，以撩拨学生的求异意识。学生在求异意识的激发下，凭借已有的经验，经过独立思考，思路终于打开了。有的用平均分的实际问题解释分数的意义；有的用图表示分数的意义；有的用分数与除法的关系说明；有的用除法与比的关系说明；有的用一个数是另一个数的几分之几的关系说明，即4厘米的长度为单位“1”，3厘米的长是4厘米的$\frac{3}{4}$；有的用单位“1”来表示，即一段路已修了$\frac{1}{4}$，还剩下$\frac{3}{4}$……由于求异意识被激发，学生凭借已有经验从同一信息源中产生了各种不同的加工和输出，实现了思维的发散。教学中激发学生乐于求异的心理要注意：

1. 及时激励点燃求异火花

学生在思维过程中时不时地出现求异因素，教师要及时捕捉这一智慧火花，满腔热情地予以肯定和热情表扬，有的甚至可以加分以资鼓励，使学生真切体验到自己求异成果的价值，由此反馈出更大程度的求异积极性。

2. 点拨诱导分享求异乐趣

学生欲寻异解而不能时，教师要细心点拨，潜心诱导，帮助学生获得成功，让他们在对于问题的多解的艰辛追求并且获得成功中，备享思维发散这一创造性思维活动的乐趣，使学生渐渐生成自觉的求异意识，并日渐发展为稳定的心理倾向。只有这样，当学生再面临具体问题时，就会能动地作出“还有另解吗”“试试看，再从其他角度分析一下”的求异思考。事实证明，也只有在这种心理倾向的驱使下，那些相关的基础知识、解题经验，才会处于特别活跃的状态，也才可能对题中数量努力做出各种不同形式的重组，逐步形成思维发散的能力。

（三）诱导思维变通——培养发散思维能力的标志

变通，是发散思维的显著标志。要在解决问题的思维过程中实行变通，只有摆脱习惯性思维方式的束缚才能实现。因此，在学生较好地掌握了一般方法后，要注意诱导学生离开原有思维轨道，从多方面考虑问题，实行变通。当学生思路闭塞时，教师要善于帮助学生接通与有关旧知识和解题经验的联系，作出转换、假设、化归、逆反等变通，产生解决问题的多种设想。如应用题：护路工人要维修一条长 1200 米的路段，已知前 4 天维修了全长的 25%，照这样计算，剩下的路要维修多少天？从教学情形看，学生一般都能顺着题情，作出 $1200\div\left(1200\times\frac{1}{4}\div4\right)-4$ 的习惯解答。此时，教师可作如下点拨诱导：①由“4 天维修全长的 25%”顺着思考能想到什么？逆着思考又能想到什么？②能从题中找到比例关系吗？经过这样的点拨诱导，生生互动，得出了下列解法：$4\div25\%-4$；$1\div(25\%\div4)-4$；$4\times(1\div25\%)-4$；$4\div(25\%\div1)-4$。还可列方程解，设剩下的路要维修 x 天。$4:25\%=x:(1-25\%)$……

经常进行这种点拨诱导，能使学生自觉地从一个思维过程转换和过渡到另一个思维过程，逐步形成在题中数量间自由往返调节的变通能力，对发散思维能力的培养大有裨益。

（四）鼓励独创求新——培养发散思维能力的核心

在分析和解决问题的过程中，学生能别出心裁地提出新异的想法和解法，这是思维独创性的表现。尽管小学生的独创从总体看是处于低层次的，但它孕育着未来的大发明、大创造。因此，教师应满腔热情地鼓励他们别出心裁地思考问题，大胆地提出与众不同的意见和质疑，独辟蹊径地解决问题，这样才能使学生的思维从求异发散向创新推进。如解答“某校绿化校园，买来树苗的株数是原来校内树木株数的 $\frac{7}{12}$，第一天种了买来树苗的 $\frac{1}{7}$ 后，剩下的树苗比原有树木少 180 棵。校内原有树木多少棵？”一题，按常规思路解答，应为 $180\div\left[1-\left(\frac{7}{12}-\frac{7}{12}\times\frac{1}{7}\right)\right]=360$（棵）。有学生却作出了 $180\times2=360$（棵）的解答，理由是：根据分数的意义将校内树木株数平均分成 12 份，买来树苗株数就占其中 7 份，“第一天种植买来树苗的 $\frac{1}{7}$”，即第一天种植买来树苗株数的 7 份中的 1 份。由此可知，剩下的 6 份正好是原有树木株数的一半，相当于 180 棵，故学校原有树木为 $180\times2=360$（棵）。无疑，这种独创性是应该得到鼓励、赞赏和倡导的。独创性往往蕴含于求异与发散中，只有经常诱导学生思维发散，才有可能出现超出常规的独创；反之，独创性又丰富了发散思维，促使思维向横纵发散。

从以上四点可以看出，发散思维是创造性思维的主要形式，但是毫无目的无边无际地去搞什么“发散”，也是失之偏颇的。创造性思维是积极发散与高度集中的有机结合。因此，在数学教学中既要培养学生能按部就班地进行逻辑思维，又要提倡发散思维，尽可能地选择最佳解决方案。

三、逆向思维的内涵与培养策略

逆向思维是指思维能迅速而自由地由一个方向转到其相反过程中的能力。这种心理过程的可逆性，是指人们在认识客观事物和解决问题时不仅可取顺向也可取逆向，不仅从正面，也可从反面，不仅从因到果，还能执果追因地进行分析，使问题得以解决。

逆向思维三个方面的内涵：一是由结果回到原始数据的还原；二是由某一数学知识向与之相反的其他数学知识的逆联想；三是从某一结果出发，对导致结果的诸多原因及其关系的逆分解。在小学数学教学中培养学生的逆向思维可以从它的三个内涵入手进行。

（一）由顺而倒培养还原意识

一般说来，可逆的数学知识总是处于顺逆双向的整体结构之中。学生不仅要理解和把握从原始数据到答案或结论的次序和结构的顺向过程，而且要理解和把握从答案或结论回到原始数据的次序和结构的还原过程。两个过程的中间环节完全一样，思维方向却完全相反，并且后一层次的还原，总是在顺向过程之后，循着相同的环节回溯进行。这样，还原就一定是处于先顺后倒的结构之中，并一定要在相应的思维过程中展开。

1. 由顺而倒渗透还原意识

教师应细心挖掘教材中的可还原因素，不失时机地组织学生在由顺而倒的学习过程之中渗透还原意识。

例如，当学生学会了用四舍五入法取近似值后，设计逆向题练习：近似值是 3.81 的最大数是________，最小数是________；或近似值 3.81 是由________（填写 6 个答案）用四舍五入法截取而取得的。在解答的过程中，因为要填写 6 个精确值，学生势必要经历由过剩近似值向不足近似值的逆反过程。

又如，当学生理解并熟练掌握了数的组成以后，设计逆向题练习：3547是由________个千________个百________个十________个一组成的。通过练习可及时启发学生理解，一个数可以倒过来分解为原来的几个数。

很明显，这些倒向心理过程的顺利完成，完全依赖于对顺向的始发过程的深刻理解和熟练掌握。在这些由顺而倒的整体性练习中，学生不仅对数学知识本身从顺逆两向获得了全面深刻的理解，而且在潜移默化中获得了还原意识。

2. 由顺而倒建立还原意识

四则运算中的逆运算本身就是一种先顺后倒的还原过程，所以必须切实帮助学生理解“减为加逆、除为乘逆”的逆运算关系，让学生面对一种运算的算式马上能反应出与之相反的另两道算式。如看到一个加法就推出两个减法，看到一个乘法推出两个除法。数学公式会由左到右看，也会由右到左看。这种还原意识将成为学生分析和解答某些逆向问题的奠基性的数学思想，让学生面对逆向的数学情境，自由地实行顺逆回环，顺利作出解答。如，一个圆锥的体积是125.6 cm^3，高是12.56 cm，这个圆锥的底面积是多少cm^2？面对这样的逆向题，具备还原意识的学生，便能自由地实行顺逆回环，顺利列式：$125.6\times3\div12.56$或$125.6\div12.56\times3$。

另外，当学生顺向理解某种数量关系后，还可以引导学生运用逆运算关系对原题实行倒向改编。例如：

原题：小明读一本600页的书，平均每天读20页，读了16天后，还剩下多少页？

改编题：1. 小明读一本书，平均每天读20页，读了16天后还剩下280页，这本书有多少页？2. 小明读一本600页的书，读了16天后还剩下280页，平均每天读多少页？3. 小明读一本600页的书，平均每天读20页，读了多少天后还剩下280页？

经常组织解答逆向题和倒向改编的练习，可以将逆运算关系具体应用于实际问题，并不断内化、积累，成为牢固而深刻的还原意识。

（二）由正及反培养逆联想力

苏联教育心理学家克鲁捷茨基在论述心理过程的可逆性时指出：“在一种逆向思路中，思想并不总是必须沿着完全相同的思路运行，而只是向相反方向运动。”这种“向相反方向运动”的逆联想力要求学生能由眼前的事物、事实或过程联想到与之相反或相对立的别样事物、事实或过程，从而进入新的数学意境。教学中可从以下两方面入手。

1. 抓住时机引导逆联想

教师在教学中应抓住时机，引导学生逐步形成自觉地由正及反、由此及彼的逆联想能力。

例如，一年级学习求两数相差的问题，当学生得出科技书的本数比文艺书多50本时，要及时让学生反过来说说，也就是文艺书的本数比科技书少50本。又如，知道“一本书已看了$\frac{2}{5}$”，就能推出“还剩下$\frac{3}{5}$”；知道“红花是白花的4倍”就推出“白花是红花的$\frac{1}{4}$”；知道“甲是乙的$\frac{3}{4}$”，就推出“乙是甲的$\frac{4}{3}$”。经常这样从已知出发诱导学生反过来想一想，便能使学生逐步形成由正及反、由此及彼的逆联想习惯，日后学生在顺向解题感到困难时，就会自觉地调整思维方向——向着相反方向做某种试探、猜测，联想出新的意念，产生新的领悟。

［例题］有两个书库，甲库存书是乙库的1.5倍，当乙库运出400本后，甲库存书是乙书库的2倍。甲乙两书库原来各存书多少本？

解答此题时，学生往往习惯于顺着题意从“倍数”角度思考，先求乙书库有$400\div(2-1.5)=800$（本），再求甲书库有$800\times1.5=1200$（本）。如此错解的原因是对“1”倍量乙书库的变化视而不见，有的学生虽然也能看出作为“1”倍量的乙书库的存书是变化的，却又不知从何处入手分析。而具有逆联想能力的学生能自觉调整思考方向，由乙书库存书是变化量逆想到甲书库存书是不变量，从而换用甲书库存书为单位“1”的量，实现由“倍”到“率”的思路逆转。将“甲库存书是乙库的1.5倍”，转化成“乙库存书是甲库的$\frac{2}{3}$”，“甲库存书是乙库的2倍”，转化成“乙库存书是甲库的$\frac{1}{2}$”，从而求得甲库存书有$400\div\left(\frac{2}{3}-\frac{1}{2}\right)=2400$（本），乙库存书有$2400\div1.5=1600$（本）。

2. 加强数量关系逆联想

这是基本数量关系的逆向扩散，给出两个相关数量，当学生顺向综合后，引导学生反过来思考，通过逆向综合，获得新条件，致使问题出现逆异思路。如“一辆汽车3小时行210千米”，当学生顺向求得每小时行$210\div3=70$（千米）时，引导学生逆向求得每千米要行驶 $3\div210=\frac{1}{70}$（小时）。又如根据“100 千克稻谷能碾米 70 千克”，可顺向求出 1 千克稻谷能碾米 $70\div100=0.7$（千克），也可逆向求出碾 1 千克米要稻谷 $100\div70=\frac{10}{7}$（千克），可顺向求出出米率是 $70\div100=70\%$，也可逆向求出稻谷的千克数是大米千克数的倍数是 $100\div70=\frac{10}{7}$。这种对于数量关系的逆思考能力迁移到具体题例中，便可获得多解。如，100 千克稻谷能碾米 70 千克，500 千克这样的稻谷能碾米多少千克？当学生具备了数量关系的逆联想，既可先求每千克稻谷出米千克数，列式 $70\div100\times500$，也可反过来求出每千克大米所需稻谷千克数，列式 $500\div(100\div70)$；既可先求出米率，列式 $500\times\left(\frac{70}{100}\times100\%\right)$，也可反过来先求出稻谷千克数是大米千克数的倍数，列式 $500\div(100\div70)$；既可从两个稻谷数的倍比入手，用 $70\times(500\div100)$ 作解，也可反过来从两个大米千克数的率比入手，用 $70\div(100\div500)$ 作解。显然，正是基于对基本数量关系的逆向扩散，才使学生能在题中数量间自由地顺逆回环，导致多种解题思路的形成。

（三）由果追因培养逆分解力

数学知识间存在着各种复杂的因果关系，常常出现几个因素共同产生一个结果的情况。这些因素或者是同向合力，或者是反向抵冲，以不同的关系影响着结果。对于这种复杂的因果关系，需要有一种严密细致的，从结果出发的逆分解能力，来加以调整和简化，从而找到解决问题的途径。

［例题］小马虎算减法，把被减数十位上的 6 错写成 9，减数个位上的 9 错写成 6，最后所得的差是 326。这题的正确答案应该是多少？

此题可抓住错误结果问学生：小马虎错减得差 326 是由哪些原因造成的？诱导学生把致错原因分解为：一是把减数个位上的 9 错写成 6，使差增加了 $9-6=3$；二是把被减数十位上的 6 错写成 9，使差增加了 $90-60=30$，两次的结果使差共增加了 $30+3=33$，所以正确的差是 $326-33=293$。

上述题例的思维过程是一种复杂的逆思考，它不仅要求抓住某一结果，对导致这一结果的诸多原因进行准确的逆分解，而且要求对这些原因导致结果的方式进行具体分析。显然，恰当地向学生提供此类训练的题例和情境，可促进这种逆分解能力的形成。

总之，培养学生的逆向思维，可围绕以上三个着眼点进行，但需要老师们转变观念，捕捉时机，适时训练，这样方能使逆向思维的培养落到实处。

第三节 培育思维品质

思维品质反映了个体思维能力的特点，决定了个体认识活动的效能，体现了个体思维的水平、智力、能力的差异，它是学生思维能力的重要标志。以思维过程的具体情况来划分，表现为思维的正确性、灵活性、深刻性、敏捷性和独创性。

数学是锻炼学生思维的体操，数学教学的过程必然是培养、发展学生思维的过程。如何培育学生的思维品质呢？笔者认为抓好思维训练是关键。教材是思维的内容，课堂教学是培养学生抽象思维、概括思维、逻辑思维的主要途径，所以要把思维训练贯穿于数学教学中，引导学生主动参与学习过程，真正使数学成为锻炼学生思维的体操。

一、在画图训练中，培养思维的形象性

培养学生的思维品质，首先要注意培养形象思维。画图可以把比较抽象的思维形象化，它是解决应用题的重要途径。因此，教学中要注意从直观入手，培养学生的画图能力，通过画图来形象地揭示数量之间的关系。

［例题］水果店有一批水果，运出总数的$\frac{5}{8}$后，又运进700千克，现在水果店里的水果正好是原来的$\frac{2}{3}$。原来水果店的水果有多少千克？

此题的数量关系比较抽象，根据题意画出线段图后则一目了然。

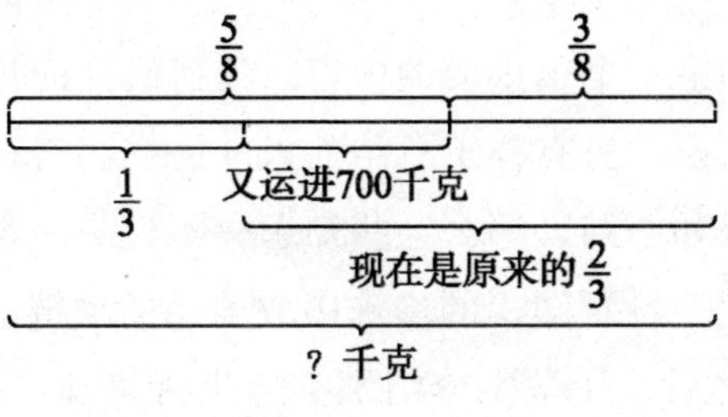

通过画图，突显了量率对应关系，学生很快就理清了思路，从不同的角度观察，得出了下列解法。

1. 从左往右观察，这批水果的$\left[\frac{5}{8}-\left(1-\frac{2}{3}\right)\right]$正好是700千克，故这批水果有$700\div\left[\frac{5}{8}-\left(1-\frac{2}{3}\right)\right]=2400$（千克）。

2. 从右往左观察，这批水果的$\left[\frac{2}{3}-\left(1-\frac{5}{8}\right)\right]$正好是700千克，故这批水果有$700\div\left[\frac{2}{3}-\left(1-\frac{5}{8}\right)\right]=2400$（千克）。

3. 从两端往中间观察，这批水果的$\left[1-\left(1-\frac{5}{8}\right)-\left(1-\frac{2}{3}\right)\right]$正好是700千克，故这批水果有$700\div\left[1-\left(1-\frac{5}{8}\right)-\left(1-\frac{2}{3}\right)\right]=2400$（千克）。

4. 从整体上观察，这批水果的$\left(\frac{5}{8}+\frac{2}{3}-1\right)$正好是700千克，故这批水果有$700\div\left(\frac{5}{8}+\frac{2}{3}-1\right)=2400$（千克）。

二、在表达训练中，培养思维的条理性

思维是能力的核心，语言是思维的外壳，也是思维的外在表现形式。只有学生能清楚地叙述出数量之间的关系，才可以证明他们的思维是清晰的、有条理的。因此，在解应用题的过程中，不能仅满足于学生能拿出一份正确的答案，而是要求他们口述出分析的全过程，把思维过程反映在语言的叙述中。

三、在概括训练中，培养思维的整体性

概括是思维活动中一个很重要的内容。任何研究的目的都在于概括总结出研究中所获得的东西。只有善于总结的人才能提高得快。如果一个人对所学过的知识不加回味和小结，那么这些知识只不过是一盘散珠。归纳概括知识恰到好处，就能把一颗颗知识的珍珠串成美丽的项链。因此，在每个单元或每部分知识学完之后，让学生分门别类地进行整理，画出表格或集合图，

归纳概括总结这部分的主要内容，把前后有联系的知识串成一条线。这样不仅使学生对所学的知识系统化、整体化，而且找到每部分知识在整个小学数学体系中的位置。

例如学习了有关数的知识后，引导学生整理这部分知识的内容，画出联系图。

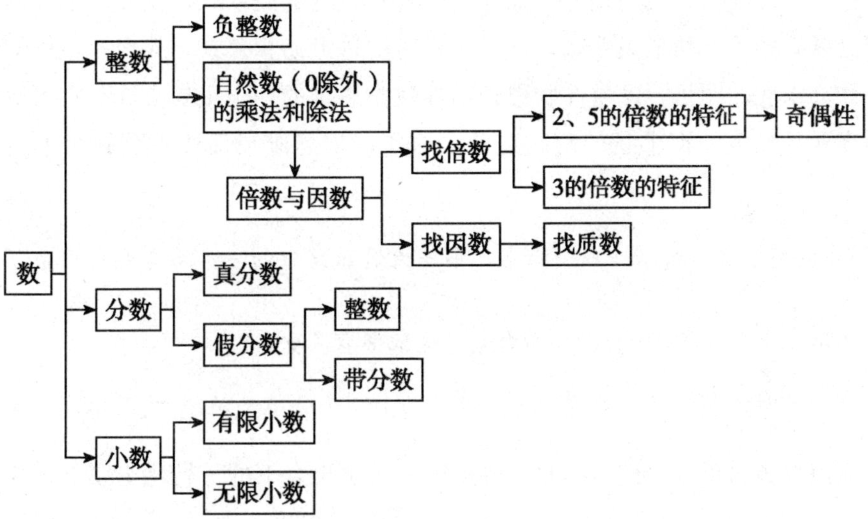

通过归纳概括，学生对这部分知识有了整体认识，而且印象深刻。

四、在分析判断训练中，培养思维的正确性

基本概念是基础知识的核心。数学教学要讲清基本概念。如果学生对基本概念掌握得不够好，那么运用起来就会混乱，甚至发生错误。因此对于基本概念的教学必须给予足够的重视。如何检查学生对基本概念掌握的情况呢？可以经常利用课前几分钟时间进行判断练习。

［例题］判断对错。

1. 只有一组对边平行的图形是梯形。（　　）

2. 方程是等式，等式也是方程。（　　）

3. 不相交的两条直线是平行线。（　　）

这种练习，学生虽然只是画个√或×，形式简单，但要运用所学的大量的概念进行判断。这种在最短时间内对概念准确清晰程度的检验，能很好地

培养学生思维的正确性。

五、在逆向思维训练中，培养思维的灵活性

逆向思维是从事物的结果出发，一步步地从后向前判断推理。数学中有许多关系式都是互逆的，但是可逆性联想的形成并不是很容易的，这就要求有意识地加强这方面的训练。如学习了行程问题的关系式，就要求学生写出与之联系的另外两个关系式；学习了平行四边形面积公式，就出一道已知面积和高求底的题目。可逆性联想是培养数学思维的一个重要方面，它可以变换审题的角度，探求新的解题途径。这是锻炼思维灵活性不可缺少的方法之一。

［例题］新华书店卖出一批书，第一天卖出总数的$\frac{1}{5}$，第二天卖出余下的$\frac{1}{3}$，第三天卖了3200本后全部卖完。这批书有多少本？

这道题用顺向思维解答较难，由于题中两个分率的单位“1”不同，要统一成以总数为单位“1”。因此，要把第二天卖出余下的$\frac{1}{3}$转化为第二天卖出的占总数的$\left(1-\frac{1}{5}\right)\times\frac{1}{3}=\frac{4}{15}$，这样两个分率所依附的单位“1”才相同。根据对应法求出这批书有：$3200\div\left[1-\frac{1}{5}-\left(1-\frac{1}{5}\right)\times\frac{1}{3}\right]=6000$（本）。为了训练学生的逆向思维，除了引导学生顺着思路统一单位“1”，还要引导学生倒着推。从最后两个条件想，以余下的本数为单位“1”，第三天卖完的3200本，正好占余下本数的$\left(1-\frac{1}{3}\right)$，求出余下的本数是$3200\div\left(1-\frac{1}{3}\right)=4800$（本），再往回想第一个条件，4800本正好占总数的$\left(1-\frac{1}{5}\right)$，进而求得这批书有$4800\div\left(1-\frac{1}{5}\right)=6000$（本）。

六、在假设思维训练中，培养思维的开阔性

为了培养学生多种解题能力，发展学生创造性思维，假设思维的训练具

有极其重要的作用。

［例题］甲、乙两筐苹果，甲筐苹果个数是乙筐的$\frac{2}{3}$，若从乙筐拿 20 个苹果放到甲筐，两筐苹果个数相等，甲、乙两筐原来各有多少个苹果？

这道题是进行假设思维训练的好素材，利用思维训练课时间让学生讨论，得出了以下解法：

1. 假设把乙筐苹果原有个数看作单位“1”，那么甲筐苹果原有个数比乙筐少$1-\frac{2}{3}=\frac{1}{3}$，正好少 $20\times2=40$（个）。因此，乙筐原有苹果个数为$40\div\frac{1}{3}=120$（个），甲筐原有苹果个数为$120\times\frac{2}{3}=80$（个）。

2. 假设把甲筐苹果原有个数看作单位“1”，那么乙筐苹果原有个数是甲筐的$1\div\frac{2}{3}=\frac{3}{2}$，乙筐苹果原有个数比甲筐多$\frac{3}{2}-1=\frac{1}{2}$，正好多 $20\times2=40$（个）。因此，甲筐原有苹果个数是$40\div\frac{1}{2}=80$（个），乙筐原有苹果个数为$80+40=120$（个）。

3. 假设两筐苹果个数之和为单位“1”，那么原来乙筐原有苹果个数占两筐苹果个数和的$\frac{3}{2+3}=\frac{3}{5}$，后来占两筐苹果个数和的$\frac{1}{2}$。两筐苹果个数和为$20\div\left(\frac{3}{5}-\frac{1}{2}\right)=200$（个），所以乙筐原有苹果个数为$200\times\frac{3}{5}=120$（个），甲筐原有苹果个数为$200-120=80$（个）。

4. 假设两筐苹果个数差为单位“1”，那么甲筐原有苹果个数是两筐苹果个数差的$2\div(3-2)=2$（倍）。因此，甲筐原有苹果个数为$20\times2\times2=80$（个），乙筐原有苹果个数为$80+40=120$（个）。

有了假设思想，就可以发展抽象思维，解题就增加了一个思路，解题能力就是一次飞跃性的提高。假设需要勇气，假设需要摆脱一般思路，是一种大胆的设想，也是一种可贵的创造性思维。

七、在量不变思维训练中，培养思维的辨证性

在小学数学习题中，有一类题目的特点是：不论条件如何变化，有一个

量始终是不变的。为了使学生抓住这类题目的解题关键，提高学生的思维能力，在平时的教学中要有意识地建立和培养量不变的思想。

［例题］甲站有汽车 192 辆，乙站有汽车 48 辆，每天从甲站开往乙站的汽车有 21 辆，从乙站开往甲站的有 24 辆，几天后甲站汽车是乙站的 7 倍？

解这道题需要有量不变的思想，甲、乙两站车辆对开，车辆总数 $192+48=240$ 是不变的，抓住这个“不变量”，从问题倒推，先算出甲站汽车是乙站的 7 倍时，乙站的车辆应有：$240\div(7+1)=30$（辆）。由于每天乙站开往甲站的车辆比甲站开往乙站的车辆少 $24-21=3$（辆），可算出乙站是 30 辆时需要的天数：$(48-30)\div(24-21)=6$（天）。

［例题］某校园里，柏树棵数是柳树的 $\frac{4}{5}$，柳树若减少 15 棵，则柳树就是柏树棵数的 $\frac{7}{8}$，原柏树、柳树各多少棵？

从题意可知，柏树前后棵数没有变，是个不变量，以柏树为单位“1”，把“柏树棵数是柳树的 $\frac{4}{5}$”转化成柳树棵数是柏树的 $\frac{5}{4}$，对比以柏树棵数为单位“1”的两个条件，柳树棵数和不变量柏树棵数相比，由 $\frac{5}{4}$ 减少到 $\frac{7}{8}$，原因就是因为柳树减少了 15 棵。因此，15 的对应分率为 $\frac{5}{4}-\frac{7}{8}=\frac{3}{8}$，则可求出单位“1”柏树的棵数有：$15\div\frac{3}{8}=40$（棵），原柳树有 $40\div\frac{4}{5}=50$（棵）。

八、在转化思维训练中，培养思维的变通性

转化思想的建立，是解答复杂应用题的重要条件。学生有了转化的思想，就能使一些无从下手的题目，化难为易，顺利解答。当然，一种思想的建立，不能企图一两节课完成，而是潜移默化地贯穿在整个教学之中。

［例题］修一段公路，已修全长的 $\frac{3}{5}$ 又 15 千米，剩下的公路是已修公路的 $\frac{1}{3}$。这段公路长多少千米？

此题由于两个分率的单位“1”不同，若用一般的思路解，解法麻烦，解

题思路难懂，学生难于接受。如果学生建构了转化的思想，就能洞察到条件之间的实质性联系，从而避繁就简，巧妙转化，获得多解。学生在比较了含有分率的两个句式后，沟通了两个条件之间实质性联系，将“剩下的公路是已修公路的$\frac{1}{3}$”，转化成已修公路是全程的$\frac{3}{4}$，剩下的公路是全程的$\frac{1}{4}$。接通了两个条件的联系，顺利地完成了单位“1”的转化，获得下列解法：

1. $15 \div \left(\frac{3}{4}-\frac{3}{5}\right)=100$（千米）

2. $15 \div \left(1-\frac{1}{4}-\frac{3}{5}\right)=100$（千米）

3. 把一段公路分成相等的$(4\times5=)20$份，已修的$(3\times5=)15$份，减去已修的$(3\times4=)12$份正好是15千米，求得每份是$[15\div(15-12)=]5$千米，全程$(5\times20=)100$千米。

4. 解：设一段公路长为x千米。$\frac{3}{4}x-\frac{3}{5}x=15$或$x-\frac{3}{5}x-\frac{1}{4}x=15$。

数学是一门培养思维能力的基础课，任何自然科学的发明和创造都离不开数学。思维训练不是靠灌输，而是靠启发、引导、点拨。因此，数学教师要重视自身的学习和提高，发挥好点拨、引导的作用，多角度加强思维训练，积极启发学生思考，为学生创造性思维能力的形成提供客观条件。

第四节 涵养思维习惯

良好的思维习惯是学生终身受益的资本，学生在一生中都能享受到它带来的利息。从思维真正发生、自主学习的角度考量，要涵养学生阅读、思考、表达、反思、质疑、整理等思维习惯。

一、涵养阅读、思考、表达的习惯

学会思维，是数学学科所应关注的核心素养。正如郑毓信教授所指出的，“数学核心素养的基本涵义就在于：我们应当帮助学生学会思维，并使他们逐步学会想得更清晰、更深入、更全面、更合理”。福建省第二届名师培养总导师余文森教授旗帜鲜明地提出了“读思达”教学法。“读思达”是阅读、思考、表达的简称，既是教师教学的方法，也是学生学习的方法，具有很强的普适性，适用于任何学科的教与学。笔者结合“为思维而教”的教学主张，从教与学的层面都特别关注学生阅读、思考、表达三位一体能力的培养。经过两年多的思考与实践，感悟如下。

（一）数学阅读是涵养数学核心素养的基石

学会学习是六大核心素养之一，学会阅读是学会学习的前提和基础。阅读能力直接影响学生的学习成绩，正如苏霍姆林斯基所说：“不会阅读的学生是潜在的差生。”朱永新说：“一个人的精神发育史就是他的阅读史。”这些教育大咖发自肺腑之言，无不在强调阅读对于人学习成长的重要性。阅读是学习的过程，输入的过程，积累的过程，打基础的过程。数学阅读，是学生学会学习的开始，是涵养学生数学核心素养的基石。本文拟从数学阅读的现状分析、数学阅读的含义诠释、数学阅读的价值诉求、数学阅读的培育路径四个方面谈之。

1. 数学阅读的现状分析

有的教师认为阅读是语文学习的专利，不关数学课堂的事。在他们的数学课堂上，阅读成了学生的奢侈品，常常以老师的读代替学生的读，以全班的齐读代替学生的个体读，以优秀学生的读代替其他学生的读，以至于很多学生不会进行数学阅读，认为数学就是解题、做练习，没有什么可读的。最常见的表现是，平时的教学，大多数学生听了老师代替读的题，会理解意思，会解答，而一旦考试，题目由学生自己读，诸多错解就冒出来，要么漏了关键条件，要么问题没看清等，而这些都是由于没有养成良好的读题习惯造成的。

[例题] 一台抽水机 3.5 小时可以浇地 1.4 公顷，这台抽水机每小时可浇地多少公顷？

有的学生受整数除法中大数除以小数思维定势的影响，错列成 3.5÷1.4＝2.5（公顷），明显缺失根据问题找条件的审题习惯。

[例题] 兵兵家有 3 口人，居住面积是 72 平方米，乐乐家有 5 口人，居住面积是 85 平方米。兵兵家的人均面积比乐乐家大多少？

有的学生没有弄清关键词“人均面积”的意思，对“3 口人，居住面积是 72 平方米”，这两个条件可以求什么缺乏理解，糊里糊涂错列算式：5×85－3

×72，足以说明学生阅读理解题意的能力缺失。

［例题］美术组有 18 人，书法组的人数是美术组的 2 倍，合唱组比美术组和书法组的总人数多 6 人。合唱组有多少人？

有的学生没有掌握整体阅读题意的方法，对条件之间的关系缺乏整体认知，顾此失彼，错列式：18×2+6。

面对此现象，我们的教师不去反思自身教学的原因，而是归咎于学生的粗心大意，认为只要克服粗心大意就好了，没有引起足够的重视。果真是粗心大意引起的吗？不是的，主要的缘由就在于学生读题方法的缺失，读题能力的弱化。追根溯源，就是教师忽视学生数学阅读能力培养造成的。长此以往，学生便丧失了阅读的能力，他们成了阅读的奴隶，学习越学越不理想，越学越不想学，最后走上了厌学之路。

2. 数学阅读的含义诠释

数学阅读不同于语文阅读。数学阅读的材料主要由数学语言组成，其中文字语言、图形语言、符号语言，在一般情况下可进行转译。因此，对三种数学语言即文字语言、符号语言、图形语言的准确把握及它们之间的灵活转化，是数学阅读理解能力中极其重要的方面，也是数学阅读有别于其他阅读的最显著特点。同时，数学材料中蕴含着丰富的数学思想。数学阅读就是要领会其中的数学思想，形成自己的数学观念，掌握数学方法，提高自己在数学意识、数学思维、数学技能和问题解决、数学语言与信息交流方面的数学素质。从数学阅读的材料及材料背后蕴含的数学思想，我们这样界定数学阅读的内涵：数学阅读是指对数学例题、习题、数学故事、数学绘本、数学史等进行信息提取、转译、内化的数学化分析，形成并表达自己数学观点的思维过程。与一般阅读一样，数学阅读是一个完整的心理活动过程，同时，也是一个不断假设、证明、想象、推理的积极能动的认知过程。这个过程是一个不断学会学习的过程，是一个思维不断发展的过程，是涵养学生数学核心素养的过程。

3. 数学阅读的价值诉求

阅读对学习的重要性不言而喻，从古至今，留下了许多有关阅读的名言名句。“书读百遍其义自见”“熟读唐诗三百首，不会吟诗也会吟”都是强调多读能促进理解。数学是理性的学科，学习更需要在多读的基础上加以理解。

（1）提升阅读能力的诉求

阅读是促发学生数学理解不可或缺的途径，数学学习中的概念、公式、原理等知识，需要学生在理解的基础上加以应用，理解的过程离不开学生的自我阅读，尤其是解决问题中对题意的理解，更离不开学生的自主阅读。解决问题的第一个环节是审题，审题就是阅读题目，理解条件和问题的过程，这个过程的强与弱，直接决定了解题的成败。因此，提升学生的审题能力，首先是需要加强学生的数学阅读。时下，从国家、省、市、县质量监测评价的命题导向趋势来看，命题加强了评价学生数学阅读能力。设计的题目信息众多，且其中包含着与问题无关的干扰信息，要求学生通过阅读排除干扰信息，找出其中与所求问题有关的数学信息，以此监测学生数学阅读和根据问题选择信息的能力。命题的导向，为数学教学指明了方向，加强数学阅读是时代教学发展的趋势，势不可挡。

（2）领略数学文化的诉求

学数学不仅仅是学解题。数学同人类一样，具有悠久的历史，一直伴随着人类文明的诞生和发展。《2011 年版义务教育数学课程标准》指出："数学是人类文化的重要组成部分，数学素养是现代社会每一个公民应该具备的基本素养。"数学文化是学生应该具备的基本素养，数学史是数学文化的有效载体之一。领略数学文化，需要数学阅读能力的支撑，引导学生学会阅读数学史，让学生了解数学知识的产生、发展与应用；阅读数学读物，让学生感受数学温度和感情；阅读数学绘本，让学生更加直观、生动地亲近数学。数学阅读的多元视角，能让学生从中感受数学文化的悠久、博大、精深，感受数学家持之以恒的研究精神，感受先人的聪明智慧，从而激发学生喜欢数学、热爱数学、研究数学。

4. 数学阅读的培育策略

数学阅读主要指数学教材的阅读、数学习题的阅读、数学史料的阅读、数学课外读物的阅读等。数学阅读是要讲究方法的，只有方法正确、得当，效益才会高。下面就数学教材、数学习题、数学史料的阅读，谈谈其教学策略。

（1）结合数学教材例题的阅读，培养学生的整体阅读观

数学教材中蕴含着丰富的文字、图表、符号语言，是学生获取数学基础

知识、基本技能、感悟数学思想、积累思维活动经验的重要材料。教学中，教师要重视学生对教材的阅读，通常可以从课前、课中、课后三个层面来阅读。下面以苏教版五年级上册“平行四边形面积计算公式推导”为例，谈谈这三个层面的数学阅读。

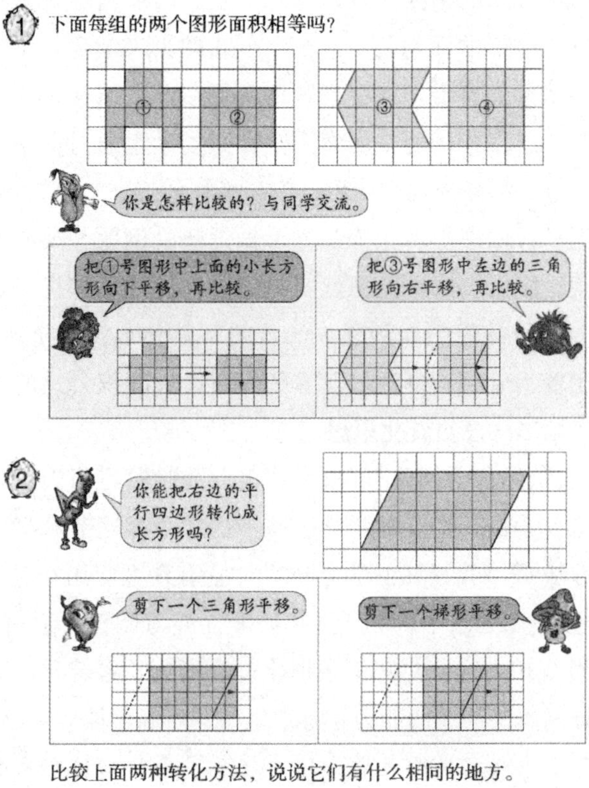

课前预习读。课前布置学生预习阅读，这个时候的读一般是粗读，让学生明确学什么，了解例题讲什么，需要借助什么学具帮助理解，概念、法则、公式、规律是怎么来的，哪些内容能读得懂，哪些内容读不懂，需要老师或同学的帮助。学生通过阅读，从整体感知所学的内容，让学生带着问题走进课堂，为新知的学习做好物质和精神上的储备。例如学生写的课前预习读的感受：

这学期数学老师换成了夏老师，夏老师非常注重数学阅读，他要求我们做好课前预习阅读。课前预习，我阅读了三道例题，知道了平行四边形的面积等于底乘高，用字母表示是 $S=a\times h$，会用公式解决一些简单的问题。但我不大理解平行四边形的面积为什么等于底×高。

课中理解读。新课学习时，针对学生认知的重难点、易混点、错误点等，引导学生多样阅读，在多读中感悟，在多读中理解。

从学生课前预习读的感受来看，此时学生的阅读基本上是停留在知识的表层，知道平行四边形的面积公式，至于公式的由来学生是不大理解的。因此，针对学生预习读的难点，课中理解读就要在此处浓墨重彩。教师通过问题引领学生阅读、思考：例题 1 的意图是什么？学生通过课中再读，明确不规则图形可以通过平移变成规则图形，体会平移的方法，首次感悟转化思想，为学习例题 2 把平行四边形转化为长方形做铺垫。例题 2 要我们做什么？学生通过再次阅读、操作，体验把平行四边形沿高剪开平移拼成长方形的两种剪法，第二次感悟转化思想。例题 3 的目的又是什么？学生通过多次阅读、操作、填表、比较、讨论、概括，理解平行四边形面积公式的由来，体验不完全归纳推理，第三次感悟转化思想。

课后温习读。温故而知新，可以为师也。及时温习当天所学的知识，有利于知识的记忆，学法、经验的积累。通常以“今天这节数学课我学了什么知识、技能、方法?”“我是如何学会的?”“它有什么应用？对今后的学习有什么帮助，我还有什么疑问”等问题引领学生温习阅读。通过课后温习读，进一步梳理巩固新知内容，使知识条理化、清晰化、系统化，提升应用知识的能力，从而提高解决问题的能力。有学生在课后温习读后写道：

今天我学习了平行四边形面积一课，理解了平行四边形的面积等于底乘高的理由，课上我们把平行四边形沿高剪开、平移、拼成长方形，长方形的面积等于平行四边形的面积，观察平行四边形与长方形要素之间的关系，长方形的长等于平行四边形的底，宽等于平行四边形的高，因为长方形的面积等于长乘宽，所以平行四边形的面积等于底乘高。这个推导的过程把新知转化为旧知，应用了数学上的转化思想，夏老师说，今后的学习中还会经常用上它。我的问题是：推导的方法除了书中介绍的沿高剪开、平移外，是否还有其他方法呢？我会对这个问题进行研究。

从学生的感受中，可以看出学生对推导过程理由的理解，对数学思想的感悟，对推导方法的追问，对问题的进一步探究，这样的温习阅读，不仅知其然还知其所以然，从表层到本质，促进学生理性思维的发展。

因此，根据学生的实际情况，持之以恒地抓好这“三读”，数学书就会越读越薄，学生的数学阅读能力就会越来越强，思维发展就会越来越有张力、有活力。

（2）结合数学习题的阅读，培养学生的阅读方法

学习数学的目的之一是学以致用。学数学离不开解题，数学问题千变万化，不同的问题，不同的解法。因此，解决问题首先需要掌握阅读的方法，要根据学生的思维特点、习题的特点而灵活采用不同的、多样的阅读方法，为理解题意扫除拦路虎。

①指读法。即让学生用笔指着题目，一个字一个字地读，这样读，可以避免漏字、添字，同时指着读，等于放慢读的速度，有利于读的过程进行思考。这个方法比较适合低年级的学生，因为低年级的学生识字量少，随着年龄的增长，可以提高读题的速度，逐渐脱离指读法。

②圈读法。即让学生边读题，边圈出条件或问题中的关键词，以提醒自己要注意这里的条件。这个方法，可以在指读法的基础上进行。

例如，苏教版三年级上册“练习与测试”的判断题：“3 位老师带领 102 个同学去参观古生物展览。如果票价都是每人 8 元，买票一共需要 816 元。”练习中有的学生读题过程忽视了 3 位老师的存在，没有把 3 位老师算进去，导致了错误。教师可借此机会，引导学生反思，为什么算错了？有什么方法能使自己减少这方面的错误，让学生交流方法，从而引出圈读法。让学生说说，圈什么？圈的目的是为了什么？从中让学生明确，圈的是容易让自己忽略的地方，圈读的目的是为了让自己注意这个地方，不要在这个地方摔倒。接着练习圈读：“小聪家有 8 只母鸡，如果每只母鸡都孵化出 12 只小鸡，那么小聪家现在一共有多少只鸡？”有的学生说圈“一共”，指的是求母鸡和小鸡的和；有的学生说圈问题中的“鸡”字，指的是母鸡和小鸡，学生圈的关键词虽然不一样，但对问题的指向是一样的，只要适合自己的圈读就是好的。

③画读法。即引导学生边读题目，边把条件和问题表示的意思画成示意图的读法，可以在指读法和圈读法的基础上进行。这样化抽象的问题为直观可感的示意图，便于分析条件和条件、条件和问题之间的关系，便于找到解题的线索。

例如解决问题：“男女同学若干人，男同学比女同学多 3 人，女同学比男同学的一半多 3 人，男、女同学各多少人?”这道题的数量关系比较抽象，指读法与圈读法都不能很好地厘清其中的数量关系，可采用画图法，引导学生根据“女同学比男同学的一半多 3 人”这个条件，先画一个圆表示男同学人数，再从圆中表示出女同学的人数与比男同学的一半多 3 人，那么圆中剩余的部分表示男同学比女同学多 3 人（如图）。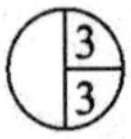

有了直观图的支撑，抽象的数量关系在直观图上一目了然，从图上，很容易看出男同学的一半是 3+3=6（人），那么男同学就是 6×2=12（人）；女同学是 6+3=9（人）。

④列读法。即边阅读，边把问题的可能情况列举出来的读法。

［例题］把 2、3、5、7 四个数字分别填入□里，写成乘法算式。

（1）要使积最大，应该怎样填？□□□×□

（2）要使积最小，应该怎样填？□□□×□

可以采用列读法，在圈读法圈出关键词最大与最小的基础上，引导学生思考要使积最大，两个乘数中三位数的百位和一位数应选择 5 和 7，相应的算式有 532×7 和 732×5，同理，要使积最小，两个乘数中三位数的百位和一位数应选择 2 和 3，相应的算式有 257×3 和 2×357。

⑤换读法。即把条件或问题的文字语言换成符号语言，或把抽象含蓄的文字语言换成直观明了的文字语言的读法。

［例题］

（1）小芳跳的下数是小刚的多少倍?

（2）小军跳的下数是小刚的多少倍?

把问题（1）“小芳跳的下数是小刚的多少倍?”中的小芳跳的下数和小刚跳的下数换成 36 和 9，再读一读：36 是 9 的多少倍? 同理，把问题（2）“小军跳的下数是小刚的多少倍?”中的小军跳的下数和小刚的下数换成 27 和 9，再读一读：27 是 9 的多少倍?

［例题］

把条件“高度大约是原来的 3 倍”中的“原来”换成 38 厘米，再读一读：一棵树苗生长 7 周后，高度大约是 38 厘米的 3 倍。7 周后树苗大约高多少厘米？

［例题］停车场有 12 辆卡车，大客车的辆数是卡车的 2 倍，小汽车开走 7 辆就与大客车同样多。小汽车有多少辆？

对于三年级的学生来说，理解条件“小汽车开走 7 辆就与大客车同样多”还是有一定的难度的，可引导学生把这个条件换成已有经验的语言，小汽车比大客车多 7 辆，再读一读：大客车的辆数是 12 的 2 倍，小汽车比大客车多 7 辆。小汽车有多少辆？以上问题，问题或条件一换，再一读，数量关系就明了了，思路也就清晰了。

⑥比读法。即通过比较条件或问题之间异同的一种读法。

［例题］1. 小芳收集了 10 套动物画片，每套 4 张。送给同学 16 张，还剩多少张？

2. 小军收集了 25 张动物画片和 15 张风景画片。送给同学 16 张，还剩多少张？

这是一道对比题，让学生读完两道题的条件和问题后，比一比这两道题的条件有什么不一样？在读一读中明确前两个条件表达的意思不一样，根据问题的指向，第一题的两个条件表达的是 10 个 4 是多少，第二题的两个条件表达的是 25 和 15 的和是多少。在比读中，明晰条件的含义不同，为顺利解决问题扫除障碍。

除了以上例举的常用方法，还可以采用画读法、复述法、转化法等。习题的阅读，可因学生年龄的不同、题型的不同，而采用不同的方法，但方法之间是相互通融的，就某一道习题的阅读来说，既可以用这个方法，也可以用另一个方法，有时甚至是多个方法的交叉整合应用。

（3）结合数学史料的阅读，培养学生的阅读兴趣

数学史，顾名思义就是研究数学产生和发展的历史。将数学史融入教学是数学课程改革的重要理念之一，苏教版教材通过“你知道吗”加以呈现。数学史阅读要结合教学内容的学习，有机融入教学中，引导学生阅读、甚至应用，感受先人的智慧，学习先人的精神。

①结合例题阅读。例如，苏教版五年级上册的“你知道吗”，教材如下，可结合例题引导学生阅读、应用。

你知道吗？

我国古代数学名著《九章算术》中记载了一些常见图形的面积计算方法。如三角形面积的计算方法是“半广以乘正从”（“广”指三角形的底，“从”指三角形的高），也就是用三角形底的一半乘三角形的高。著名数学家刘徽在注文中还用“以盈补虚”的方法（如右图）加以说明。

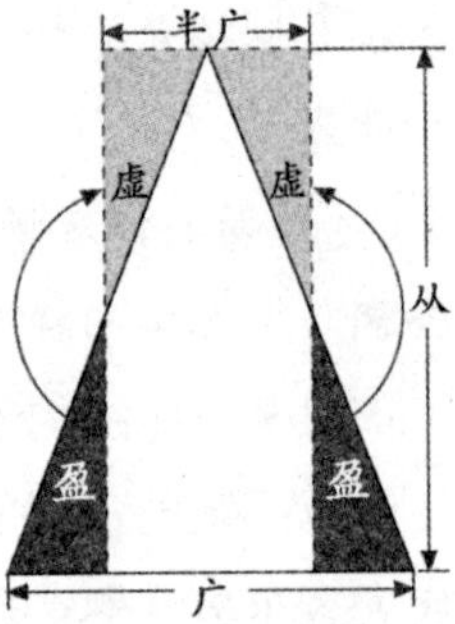

这是学生学习了平行四边形、三角形面积公式推导之后，安排的一次数学史阅读。第一步，激发阅读兴趣。在学生用两个完全一样的三角形拼成一个平行四边形，推导出三角形的面积公式等于底乘高除以 2 的基础上，问学生想不想知道我国著名数学家刘徽是用什么方法推导三角形的面积公式。相机出示“你知道吗”引导学生阅读，感受古代数学家的聪明智慧。第二步，理解阅读内容。在学生独自阅读的基础上，通过问题引领，结合示意图帮助学生理解“半广以乘正从”的含义和刘徽的“以盈补虚”方法的意思。第三步，以盈补虚法的应用。引导学生课后用以盈补虚法去推导平行四边形和任意三角形的面积公式，并自觉地把以盈补虚法用于梯形面积公式的推导。第四步，延伸阅读内容。收集数学家刘徽的故事，制成数学小报，并说给他人听。

②融入习题阅读。设计作业时，结合教学内容遴选一些学生能够理解的数学史中的名题或趣题，让学生在解题过程中既巩固所学知识，又感悟数学之美。例如教学“最小公倍数”后，遴选《孙子算经》中的经典题：“今有物不知其数，三三数之剩二，五五数之剩三，七七数之剩二，问物几何？”教学“梯形的面积公式计算”后，遴选德国数学家高斯小时候算过的计算题：“1＋

2＋3＋4＋5＋…＋98＋99＋100”。教学“解决问题策略——鸡兔同笼问题”后，遴选“一百个和尚一百个馒头，大和尚一个人吃三个，小和尚三个人吃一个，问有几个大和尚，几个小和尚?”进行练习。

③开展主题阅读。结合教学内容的进行，收集史料，开展专题阅读，让学生在阅读中丰盈知识，感受数学的魅力，感悟数学文化的厚重。例如教学“圆的周长与面积”后，开展以圆为主题的阅读活动，阅读内容涉及：“圆的历史”“圆周率‘π’的由来”“祖冲之对圆周率‘π’的贡献”“圆周率小数点后一百位趣味记忆法”等。

通过阅读数学史，不仅提高了学生的数学阅读能力，更是展现数学文化的无穷魅力，体验古代数学家研究数学的不倦精神，感悟古人的聪明智慧，从而在学生的心田撒播下热爱数学、研究数学的种子。

总之，数学阅读是学生学习不可或缺的必需品，任何人都不可以替代，正如，吃饭是孩子自己的事情一样，谁也不能替孩子吃。因此，要从思想上高度重视数学阅读的重要性，并付诸实践，让阅读成为数学教学的常态，让数学阅读成为涵养学生核心素养的基石。

（二）数学思考是涵养数学核心素养的关键能力

数学思考能力是数学核心素养的关键能力。2001年版实验稿《全日制义务教育数学课程标准》首次将“数学思考”作为数学课程目标提出，并把它与“知识技能、问题解决、情感态度”组成密切联系、相互交融的有机整体的四大课程目标。经过十年的实践应用，2011年版修订稿《义务教育数学课程标准》仍沿用2001年版实验稿的表述，只是在数学思考目标的具体陈述上作了进一步的修订和完善，并在总目标和学段目标中分别进行阐述。那么数学思考的现状如何？数学思考的内涵是什么？数学思考的培养策略又是什么？

1. 数学思考的现状分析

数学思考课程目标与教学实践总是存在着差距，从2001年数学思考目标的提出，到现在已经有18年的光阴，数学思考目标的教学并不如人愿。主要体现在：其一，理念学习浮于表面，难以深入教师心中。有的教师只知道有数学思考目标，至于数学思考的内涵是什么？数学思考的具体目标是什么？如何在教学中实施数学思考？并没有人去思考它、实践它，以至于目标与实践成了两张皮，自然脱离。其二，实际教学沉于应试，难以实现教与学的反转。受分数至上的影响，受陈旧教学观念的影响，有的教师注重教的一面而忽视学生学的一面，在课堂上尽显教师教的精彩，看上去热热闹闹，回答问题“我来我来”声不断，造成学生思维浅层化；有的教师追求大容量教学，习题一题接一题，问题一个接一个，给予学生思考的时间极少，学生无时间思考，还没有反应过来，教师就自问自答，学生是被教师牵着走的，赶着跑的，数学思考何以发生？难怪有人指出，部分课堂教学存在思维统一化、思考碎片化、问题表层化、学习记忆化，难以促使数学思考真正发生。笔者在听课中也常发现，多数教师追求“短、平、快”的思考，忽视长时间的慢思考，数学思考难以真正发生。

因此，让学生学会数学思考是落实课程目标、提升学科核心素养关键能力、改变教学现状的需要。只有明确数学思考的内涵，才有可能在教学中让数学思考真正发生。

2. 数学思考的内涵诠释

数学思考是学生必备的数学核心素养的关键能力，它的要义可以从思维活动过程、数学课程目标、数学核心素养的不同角度进行解读。

从人的思维活动展开的过程来看，思考是指进行分析、综合、推理、判断等思维活动。美国教育家约翰·杜威在《我们是如何思维》一书中是这样解读思考的内涵的：思考是人们用心搜寻证据，确信证据充足，形成信念的思维过程。对于任何一个信念或假定的知识，均以积极的、执着的和用心的态度考虑它所依据的根据是否成立，若成立，再考虑它所导致的进一步的结论，这就构成思考。思考一旦开始，它就是一种自觉、自愿的思维活动，是要在可靠理由的基础之上树立信念。教育应该关注的正是这样的思考。

从数学课程目标的表述看，数学思考是指运用数学的思维方式进行思考，指向于三维目标中的过程方法目标，具体包括 4 个方面的内容。一是建立数感、符号意识和空间观念，初步形成几何直观和运算能力，发展形象思维与抽象思维。二是体会统计方法的意义，发展数据分析观念，感受随机现象。三是在参与观察、实验、猜想、证明、综合实践等数学活动中发展合情推理和演绎推理能力，清晰地表达自己的想法。四是学会独立思考，体会数学的基本思想和思维方式。

从数学核心素养的体系看，数学思考就是用数学的眼光看问题，用数学的思维想问题，用数学的表达交流问题。

综上所述，数学思考即是从数学的角度展开的分析、综合、推理、判断、质疑、反思等理性的、深层次的、全面的思维活动。它既是数学课程追求的目标，又是学生必备的数学核心素养的关键能力。

3. 数学思考的实践样态

课堂是践行数学思考的主阵地，教师要充分利用好这一阵地，让数学思考在这一主阵地上真实发生、扎实推进。下文以苏教版五年级上册“小数四则混合运算”的教学为例，谈谈数学思考的实践样态。

（1）导入中激发数学思考

导中激思，即在新课的导入环节，通过复习旧知或创设问题情境等，激发学生开启数学思考的大门。小数四则混合运算，是学生在学习了整数四则混合运算、运算律和小数四则运算的基础上进行教学的，对学生来说，旧知足以促进学生对新知的迁移。对于这样的课例，导入新课中，以学法的迁移设计问题，激发学生的数学思考。“我们已经学习了整数四则混合运算的运算顺序和运算律，请同学们大胆猜一猜，整数四则混合运算的运算顺序和运算律对小数四则混合运算适用吗?”以问激猜，拉开学习新知的序幕，一下子就把学生的思维带入猜想中，达到了“课伊始，思已生”的效果。

（2）学习中启发数学思考

学中启思，即学生在学习新知的过程中，教师要通过问题引领、同伴互助、留足时间，不断启发学生的数学思考。学习是学生自己的事，自己的事自己做，这是再简单不过的道理。不愤不启、不悱不发。还原教学的本义，教学要实现由教向学的反转，构建以学为本的课堂，就是在学生愤悱中，启发数学思考，营造生生互动的良好思考氛围。

对于导入中的问题，学生的猜想大致有两种，大多数学生认为整数四则混合运算的运算顺序和运算律对小数适用，少部分学生认为不一定适用。针对学生的问题猜想，教师不急于表态，而是把球踢回学生，到底是适用还是不适用，要以理服人。有的学生想到用举例验证的方法来说服对方。一石激起千层浪，学生们跃跃欲试，打开了思维的闸门，纷纷思考如何举例验证自己的猜想是正确的。在学生个体思考、小组交流的基础上，进行全班互动交流。有的组举例说，$75+25\times4\div2$ 先算乘法，再算除法，最后算加法，把整数改成小数，7.5+2.5×0.4÷0.2，也还是先算乘法，再算除法，最后算加法，所以我们组认为是适用的，即小数四则混合运算与整数四则混合运算是相同的。有的组举例说，因为 89+36+64=89+(36+64)，换成小数 8.9+3.6+6.4=8.9+(3.6+6.4)，所以整数加法的结合律对小数加法同样是适用的。有的组举例说，因为 125×88=125×8×11=11000 或=125×(80+8)=11000，而 1.25×8.8=1.25×8×1.1=11 或=1.25×(8+0.8)=11，所以整数乘法的结合律和乘法分配律对小数乘法同样是适用的。有的组说，我们举不出反例来说明不能用，看来之前的猜想是错误的。

此环节是一节课的中心，教师以“谁能举例、验证猜想是否正确?”这一核心问题，引发了学生个体独立思考、自举例子、小组协作、全班交流，让数学思考在新知的学习中自然发生。因此，在新知的构建中，教师应以问启思，以生为本，把学生推到课堂的中央，大胆放手让学生独立思考、小组合作交流、全班展示、分享、互补，充分激活每个学生的数学思考细胞，在思辨中培养学生的思维品质。

(3) 练习中评价数学思考

练中评思，即通过多层练习来评价学生的数学思维品质。练习是一节数学课的重心，是培养学生思维品质的重要载体。因此，要注重练习的设计，除了关注练习的层次性、针对性、多样性外，更要从发展学生思维品质这一层面考虑练习的功能，充分发挥练习的数学思考价值，真正让练习达成促进学生数学思考，提升学生思维品质的功能。为了发挥练习对思维品质的评价功能，本节课设计了如下练习：

第一层次，基本练习。

[例题] 选择合理的方法计算下面各题。

3.2×1.5+4.8÷2.5　0.72×0.25×4　7.6×0.8+0.2×7.6

基本练习是保底练习，要确保每一个学生都能合理解决。把不能简便算的和能简便算的混在一起，让学生一开始整体观察算式就进入思考状态，这个算式到底能不能简算，能简算的按什么运算律简算，不能简算的应先算什么，再算什么。目的是培养学生整体观察算式，具体问题具体分析，合理选择算法的思考品质。

第二层次，比较练习。

［例题］用两种运算律简算：0.25×4.4

乘法分配律和乘法结合律是学生很容易混淆的，让学生用两种运算律简算：0.25×4.4，便于学生展开多角度的数学思考，通过观察 0.25 想到乘数 4，把 4.4 从乘法和加法的角度进行分解，依据乘法结合律和乘法分配律简算。旨在培养学生根据数的特点联想相关数的能力，在比较中领悟由于分解的角度不同，依据的运算律也不同，把 4.4 分解成 4×1.1 是连乘，属于同一级运算，依据的是乘法结合律；把 4.4 分解成 4＋0.4 有乘有加，含有两级运算，依据的是乘法分配律。在对比思考中学生明晰乘法结合律的本质是同一级运算，乘法分配律的本质是两级运算，有效澄清了两律的区别，培养学生思维的灵活性和深刻性。

第三层次，开放练习。

［例题］在（　　）里填上一个数，使算式能够简算。

1.25×2.5×（　　）

1.28×8.6＋1.28×（　　）

4.6×1.5＋（　　）×（　　）

这是一组条件开放题，要求学生根据算式数据的特点思考，使这个算式可以根据运算律简算。旨在培养学生整体思考能力，培养数感，达成敏捷性、灵活性的思维品质。

（4）梳理中反思数学思考

理中反思，即通过梳理反思所学的知识、经历的过程、体验的情感态度等。反思是一节课不可缺少的部分，是促进数学思考从感性走向理性思维的重要一环，因此，课尾设计反思性问题：本节课我们学习了什么？这是从知识的角度，让学生明确学了什么？我们是如何学习的？这是从学法的角度，让学生反思学习过程中应用了“猜想—验证”的重要学习方法。你有什么学习秘诀要与同学们分享的？这是从情感态度的角度，让学生体验学习的快乐、分享的快乐。还有什么疑问？这是从“四能”的角度让学生学会提出问题。通过多层面的反思，让学生在梳理所学知识、学习方法、分享快乐、质疑问难中，进一步内化、形成学生个体的思考经验，丰富学生的学习经验，为学生的可持续发展积淀思考能量。

（5）拓展中延伸数学思考

拓中延思，即数学思考要从课内向课外延伸，让学生带着问题，带着思考去迎接思维的挑战。乘法分配律是五个运算律中的难点，变式大，结课后给学生留下思维挑战题，简便计算：3.68×8.3＋0.83×63.2。从结构上来看，这是一道两积之和的计算，表面上看没有共同因数，怎么简算呢？以此延伸学生的数学思考，观察两个乘法算式，发现8.3是0.83的10倍，可以根据积不变规律转化其中的一个乘法算式，构造出共同乘数，再根据乘法分配律进行简算。延伸思考为学生创设了自由的思考空间，使学生透过数的表面现象，发现数8.3与数0.83之间隐含的倍数关系，根据积不变规律，把3.68×8.3转化成36.8×0.83，再根据乘法分配律进行简算。旨在培养学生学会长时观察分析，透过表面看本质，把不可能变成了可能，培养学生学会辩证看待问题。

综上所述，独立思考、学会思考是“读思达”教学法中承上启下的关键环节，它是创新的核心。创新是一个国家和民族进步、发展的动力，培养具有创新意识和创新能力的人才是现代教育的重要任务。从义务教育阶段起，数学教育把培养学生创新意识作为基本任务，把培养学生独立思考、学会思考贯彻数学教育的始终。因此，构建以数学思考为主线的课堂，让数学思考在教学中真正发生，扎实推进，既是实现课程目标的宏伟夙愿，又是达成学生数学核心素养的关键能力。

（三）数学表达是涵养数学核心素养的必备品格

用数学的语言表达现实世界，既是2011年版课标对教师的教学要求，也是对学生的学习要求。从课标的层面提出这一理念，显而易见，数学表达在数学教学中的重要性。数学表达依托于数学语言，数学语言是用来反映数量关系和空间形式的，由文字语言、符号语言、图表语言组成。数学表达指的是用一定的数学语言，把数学阅读中的条件和问题，经过数学思考，并把这一思考问题的过程有条理、有根据地表达出来。它是阅读、思考的结晶，是思维的外显形式，是发展学生数学核心素养的目标。那么如何把内隐的思维过程通过数学表达外显化，让思维“看得见”，以培养学生的数学表达力，涵养学生的数学核心思维素养呢？

1. 有条理地表达——指向逻辑思维的培养

逻辑思维是一种重要的思维方式，是一种确定的、前后一贯的、有条理的、有根据的思维。有条理表达是数学表达的基本要义之一，它是培养学生有序思维、逻辑思维的有效载体。教学中，要有意识地创设情境，为学生的有条理表达提供平台，通过多方式地表达，让学生学会有条理表达算法、数理、概念等。

（1）有条理表达方法。学数学，是学方法。计算中的算法、解决问题的分析方法等，要让学生学会有条理地表达。例如，二年级学生学习 45＋23 这样的两位数加两位数的口算，要通过个人说、同桌互说、全班齐说等多样的表达方式，让学生学会表达其计算方法：先算 45＋20＝65，再算 65＋3＝68。又如，一年级求两个数相差多少的实际问题：学校合唱队，男生有 20 人，女生有 24 人，男生比女生少多少人？引导学生从问题想起，表达其思考过程：问题要求男生比女生少多少人？要知道男生与女生人数，已知男生 20 人，女生 24 人，也就是求 20 比 24 少多少，求相差部分的数，用减法列式，24－20＝4（人）。

（2）有条理表达算理。数学是理性的学科，其特有的逻辑性，决定了数学教学必须讲道理。因此，让学生学会表达算理，是数学学科的本质要求。算理，计算的道理，即为什么这样算，是计算教学的关键。算法是计算的程序，步骤。如计算 35×14，先用个位上的 4 乘 35，再用十位上的 1 乘 35，最后把两次的积加起来，这是算法；算理是 4 个 35 的积加上 10 个 35 的积。计算$\frac{3}{8}+\frac{2}{8}$，算法是同分母分数相加，分母不变，只把分子相加；算理是 3 个$\frac{1}{8}$加上 2 个$\frac{1}{8}$，一共是 5 个$\frac{1}{8}$，和是$\frac{5}{8}$。教学不仅要让学生学会表达算法，更要让学生学会表达算理，算理理解了，就达到对知识的知其所以然。

（3）有条理表达过程。推理是数学基本思想之一，让学生学会表达推理过程，是落实课标要求的具体表现。如学生经历了梯形面积公式的推导后，让学生借助示意图表达梯形面积的推导过程：把两个完全一样的梯形拼成一个平行四边形，平行四边形的底等于梯形的上底加下底的和，平行四边形的高等于梯形的高，因为平行四边形的面积＝底×高，所以梯形的面积＝（上底＋下底）×高÷2。

2. 有根据地表达——指向理性思维的培养

理性思维是指有明确的思维方向，有充分的思维依据，是能对事物或问题进行观察、比较、分析、综合、抽象与概括的思维活动。有根据地表达，其实就是让学生讲道理，是外化学生对概念、原理、法则、规律等的理解，是知其所以然的具体表现，是培养学生理性思维的有效通道。

（1）有根据地表达原理。数学中的概念、原理等，是解题的依据，让学生在解决问题中表达原理，让原理得以具体化，有利于学生加深对原理的理解和应用。如提问："已知一个三角形∠1＝50°，∠2＝30°，∠3＝?"你是根据什么原理来列式解答的？让学生学会根据三角形的内角和等于180°来表达，因为三角形的内角和等于180°，所以∠3＝180°－50°－30°＝100°。又如判断2、3、4三根小棒能不能围成一个三角形，让学生学会有根据地表达，因为2＋3＞4，2＋4＞3，4＋3＞2，任意两条边的和都大于第三条边，所以2、3、4三根小棒能围成一个三角形。

（2）有根据地表达理由。说理由，是当下质量监测评价命题的一大特点。让学生学会表达理由，是适应质量监测评价的要求，也是命题的指向。

［例题］计算125×88，下面（　　）道算式的表达是不正确的，请说明理由。

A. 125×8×11　　　　B. 125×80＋125×8

C. 125×(90－2)　　　D. 125×80×8

要求学生从125×88表示的意义来有根据地表达理由，因为125×88表示88个125，A、B、C三道算式的分解都是表达88个125，所以是正确的，而D道算式的分解，表达的是640个125，与原式表达的意义不一样，所以是不正确的。

3. 多方法地表达——指向发散思维的培养

发散思维是不依常规、寻求变异，对给出的材料、信息从不同角度、向不同方向，用不同方法或途径去分析和解决问题的一种思维方式。数学是思维的体操。学数学，用数学，主要是思维方法的表达。让学生学会表达计算的方法、解决问题的思维方法，应成为一节有思维含量的课堂教学的追求。

（1）多方法表达计算过程。计算630÷45，除了引导学生分解除数45表达外，原式＝630÷9÷5＝70÷5＝14；还可以引导学生分解被除数630来表达，原式＝7×90÷45＝7×2＝14；甚至还可以引导学生根据商不变规律来表达，原式＝(630×2)÷(45×2)＝630÷90×2＝14。

（2）多方法表达分析过程。

［例题］一个长方形花圃，长 60 米，宽 45 米，现扩建，长和宽都增加了 5 米。花圃的面积增加了多少平方米？

从学生思考的角度看，基本上应用了常规的解法：根据扩建后花圃的面积减去原来花圃的面积等于增加的面积，$(60+5)\times(45+5)-60\times45=550$（平方米）。如果仅从常规的解法表达，那就失去了这道题应有的思维价值。此时，引导学生把题意画出来，为学生提供多方法表达的平台，示意图如下：

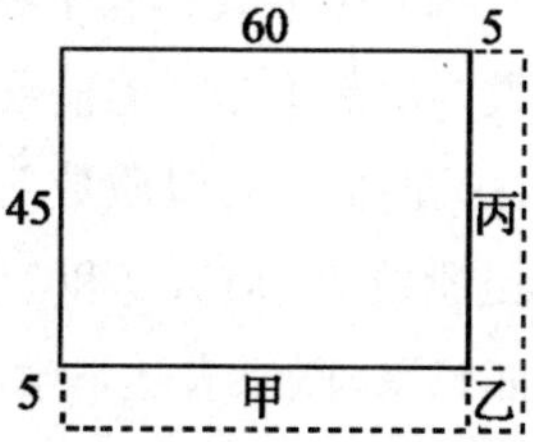

①

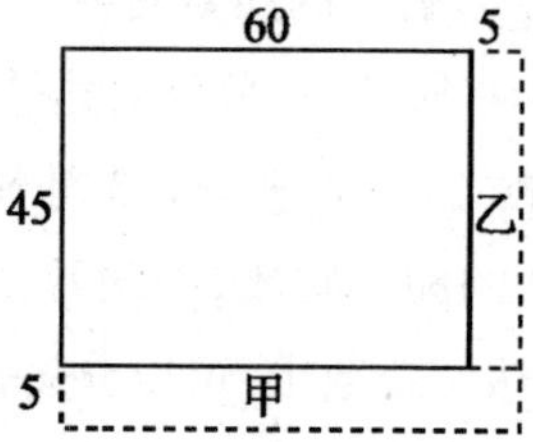

②

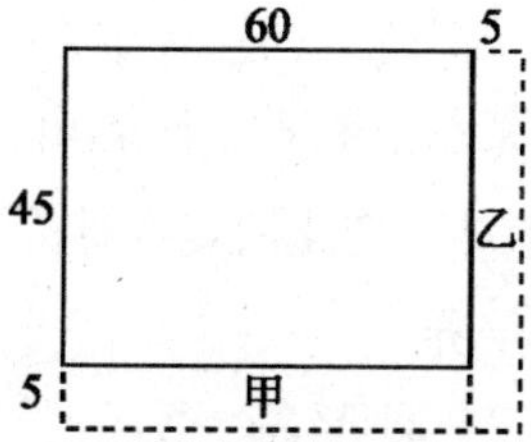

③

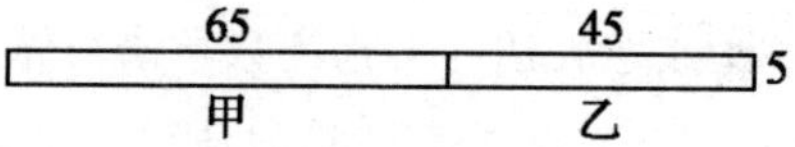

④

学生结合示意图分析，打开了多方法表达的通道：有的学生把增加的面积分成三个部分，如图①，列式：$60\times5+45\times5+5\times5=550$（平方米）；有的学生把增加的面积分成两部分，如图②、图③，列式：$(60+5)\times5+45\times5=550$（平方米）或 $60\times5+(45+5)\times5=550$（平方米）；有的学生把增加的面积拼成一个长方形，如图④，列式：$(60+5+45)\times5=550$（平方米）。从常规表达到数学语言转化后的多方法表达，学生经历了把不规则图形转化为规则图形的过程，打开数学表达的多样化思路，思维从单一转向多元，感悟转化思想、数形结合思想在解决问题中的应有魅力。

4. 多层面地表达——指向辩证思维的培养

辩证思维就是从联系、发展、运动、变化的视角考查数学对象，进行比较分析，解决数学问题的一种思维方式。多层面地表达，有利于学生清晰地理解概念、原理。概念是判断、推理的依据，对概念的理解程度，直接决定了概念的应用水平。因此，让学生学会多层面地表征概念，是概念教学的一个关键环节。如质数的概念，对学生来说就是一个非常抽象的概念，有的学生到了六年级还没有掌握好。教学时，除了让学生经历质数概念的形成过程，从文字语言的角度表达“只有 1 和本身两个因数的数是质数”外，在后续的教学中，要让学生学会举例表达“10 以内的质数有 2、3、5、7，最小的质数是 2，100 以内最大的质数是 97”；推理表达“11 这个数只有 1 和 11 两个因数，所以 11 是质数”；分类表达“非 0 自然数，从是不是 2 的倍数来分，2 是偶数，从因数的个数来分，2 是质数，所以 2 是唯一的偶质数”；组合表达“质数 2 和 3 的和是质数 5，质数 2 和 5 的和是质数 7，质数 2 和 7 的和是合数 9”；分解表达“合数 18 可以分解成质数 7 加 11”；联系表达，学习了分解质因数后，与分解质因数的概念联系起来表达“合数 15 分解成质数 3 乘质数 5”；比较表达，对质数、质因数、因数的比较“质数只有 1 和本身两个因数，质因数，是因数中的质数，因数，可以是质数、合数、1”。从概念的内涵到外延，让学生经历多层面的表达，质数的意义才会浸润学生的心田，应用起来才会自如，培养学生学会应用联系、发展、运动、变化的观点看待问题。

5. 多形式地表达——指向数学语言思维的培养

数学语言有文字语言、符号语言、图表语言三种形式。教学时要进行三种数学语言表达的训练，并实现不同数学语言形式之间的沟通和转换。

（1）多形式表达计算公式。教学“长方形的周长”，待学生理解长方形的周长指的是两条长和两条宽的和后，用文字语言表达长方形的周长＝长＋长＋宽＋宽或长方形的周长＝（长＋宽）×2。以问题“谁能借助图来说说，为什么长方形的周长＝（长＋宽）×2 呢?”驱动学生的思考，把学生的思维从文字语言表达切换到图形语言来表达。

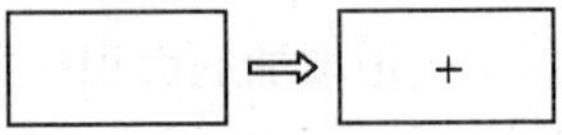

学生借助直观图说，因为长方形的周长包含两组“长＋宽”，所以，长方形的周长＝(长＋宽)×2。在后续的教学中，适时转换用符号语言来表达长方形周长的计算方法：$C=(a+b)\times 2$。

（2）多形式表达思维过程。解决问题：A、B、C、D、E 五个好朋友，期末分手道别，每两位好朋友都要握一次手，一共要握多少次手？要求学生用数学语言多形式表达思考过程。有的学生一一列举加算式表达：AB、AC、AD、AE、BC、BD、BE、CD、CE、DE，列式：4＋3＋2＋1＝10（次）。有的学生画图列举加算式表达，列式：4＋3＋2＋1＝10（次）。学生用不同数学语言表达的过程，也就是不同数学语言互译的过程。经历这样的互译，加强学生对数学语言的理解，感悟数学语言的别样功能，发展学生的数学语言和数学思维。

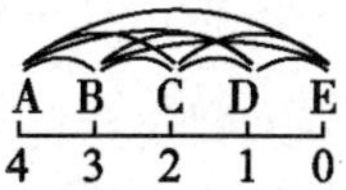

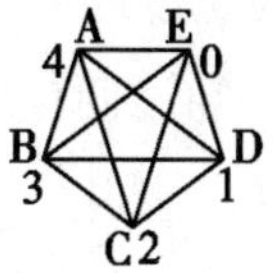

总之，让学生学会数学地表达现实世界，是数学教学的目标，是数学阅读、数学思考的思维外化。教学要紧紧围绕这一宏观目标，并细化为微观目标，通过创设情境，提供语言阶梯，让学生学习有条理、有根据地表达；通过多种途径，鼓励学生多层面、多方法、多形式地表达，实现涵养学生数学核心素养的目标——数学表达，有效达成。

二、涵养反思的习惯

弗赖登塔尔说：“数学思维的发展主要是指由较低层次上升到更高的层次，但是，只要儿童没能对自己的活动进行反思，他就达不到高一级的层次。”因此，在教学中要大力培育学生的数学反思力，引导学生的学习由浅层走向深层，引导学生的思维由低阶走向高阶，促发学生的数学学习走向深刻，培养学生的批判性思维和创造性思维。

（一）培养学生反思意识“四部曲”

2011年版课标在情感态度目标中明确指出要培养学生初步的反思意识。六大核心素养之一的学会学习中的要点是勤于反思。反思是数学思维活动的核心和动力。学习是一个系统工程，学会反思是学生发展中不可或缺的重要环节。学生反思数学思考的过程，就是对自己的数学学习进行自我监控、自我调节，进而对数学认知活动进行指导、支配、决定和监控。就如“吾日三省吾身”这一格言所表明的反思一样，数学中的反思最重要的一个特征是其并非由于外部的促进或压力而进行的思考，而是集中体现了学生的自我意识，是学生对于自身行为的自觉“检讨”。反思能更有效地促进学生思维的发展，特别是促使学生逐步学会想得更清晰、更深入、更全面、更合理。

1. 让学生意识反思的价值——想反思

意识决定行动，要培养反思意识，关键要让学生意识到反思的价值。反思的过程是一个情感与认知密切相关联并相互作用的过程，它不仅要有智力加工，而且要有情感因素的支持。因而，有无反思的动机是非常重要的。笔者组织学生收集有关反思的名言名句：反思是一个人成长的不竭动力；吾日三省吾身；人贵有自知之明；成长＝经验＋反思；真正的数学头脑是思维的头脑，是内省的头脑。这也是学校应当教学生的东西，让学生理解名言名句的意思与背景，从反思文化的视角引起思想上的重视。同时以身教重于言教来影响学生，率先垂范，经常将范写的教后反思下水文，念给学生听，激发学生的真切感受，老师都这么做，我也要这么做，从榜样的视角引发学生反思的决心。再者就是以学生的错例为引子，交流“为什么同样一种错误老是犯”，让学生明白就是因为没有反思，没有从吃一堑中长一智，缺失的就是反思意识，从反例的视角说明反思的意义。另外把“成长＝经验＋反思”的板书写在黑板的左上角，做为师生的座右铭，时时加以对照并自问——今天我反思了吗？将“每天一反思等于每天一成长”作为班级反思文化。

2. 让学生经历反思的过程——会反思

反思无处不在：反思新知探究过程；反思解决问题过程；反思思维错误处等。因此，让学生经历反思的过程，积累反思的经验，达成反思的方法，做到会反思。

（1）反思探究过程

课堂上当学生探究出一个结论时，教师不要急于总结，可以来个回马枪，这个结论你们是怎么探究出来的？重点让学生反思探究过程运用的各种方法，使学生逐步地积累方法、策略。如当学生探究出“同分母分数分子大的分数比较大”这一结论时，教师追问道：“这个结论你们是如何获得的？”学生们畅所欲言。有的说：“我是用分数的意义来理解，把单位 1 平均分成相等的份数，取的多当然就大。”有的说：“我是用含有分数单位的多少来比较获得的，$\frac{3}{5}$是 3 个$\frac{1}{5}$，$\frac{2}{5}$是 2 个$\frac{1}{5}$，3 个$\frac{1}{5}$大于 2 个$\frac{1}{5}$。”有的说：“我是用画图来比较获得这个结论，可以画线段图、三角形、圆形等图形来比较。”有的说：“我是联系生活实际考虑获得这个结论的。把10粒糖果看成一个整体，平均分给5个小孩子，每人分2粒，取3份是6粒，取2份是4粒，6粒多于4粒，所以$\frac{3}{5}$大于$\frac{2}{5}$。”

引导学生对探究的结论进行反思，是学生学会反思的一个契机，让学生在这一过程中反思提炼解决问题、获取新知的数学思想方法和有效策略，使学生对数学思想和方法有所体悟，并自觉地将思维指向数学思想方法和学习策略上，以提高主动获取新知和解决问题的能力。

（2）反思解题过程

学生习惯解完题后就万事大吉，严重缺乏反思意识，以至于出现许多低级错误而全然不知。因此，引导学生养成回望解题过程的意识就显得尤其重要。教学中结合具体的问题，引领学生围绕这些方面进行反思：我的解题过程是否合理完整，结论是否正确？解题前我做了哪些工作，解题中碰到哪些困难，我是怎样解决的？解题后要注意什么，想对大家说点什么？对于优秀的学生要求他们对解题思路做进一步的梳理和概括，并寻找其他解法，甚至总结隐含的规律或对规律进行推广和引申。当学生形成了解题后反思概括的意识，他们就能慢慢从中提升解题的策略、技巧、方法、数学思想。这将有利于学生解题能力的形成，有利于调控学生的解题活动，指导学生的解题实践，促进学生可持续发展。

（3）反思思维错误处

小学生的知识背景、思维方式、情感体验等和成人不同，他们的表达方式可能也不准确，难免会出现各种各样的错误。错误是一种教学资源，教师要充分利用这一资源，促进学生反思。常用的方法是，用好错题集，收集错误，并进行错因分析。正如一个学生在错题本中这样写道：

来源：2017年4月21日课堂作业，第一题选择题的第1小题。

原题：一个油箱的体积一定（　　）它的容积。

①大于　　②小于　　③等于

错解：选③。

原因：我认为体积的计算方法与容积的计算方法一样，就毫不犹豫选③。

订正：正确答案应是大于，即选①。

反思：做作业时，没有进一步思考，忽视了油箱的厚度，把两者等同起来，造成错误，实属不该。今后要加强概念辨析，思考问题要全面，不能被表面现象所迷惑。切记！切记!!

从学生反思中，可以看出，学生本人对自己易错的地方有了较为深刻的体验，这样他们在今后的学习中就会自觉地加以注意，从而大大减少错误。

3. 让学生搭上反思的平台——爱反思

教师要为学生搭建反思的平台，让学生爱上反思。反思的平台有：课堂上、作业中、测试里、日记里、成长记录袋。

(1) 测查后反思

测查是学生一次自我反思的好机会。抓住测查的契机，引导学生围绕这几个方面去反思：这次测查你最满意在哪里？不足在哪里？哪道题给你留下的印象最深，为什么？造成你思维卡壳的是哪道题，你是如何突破的？通过这次考试你想提醒自己或同学什么？……

(2) 日记中反思

撰写数学日记，学生可以对当天所学的数学内容进行总结，反省自己的所作所为，而且也提供了一个让学生用数学语言或自己的语言表达数学思想、方法和情感的平台。如学生学习“分数大小比较”后写的一则数学日记。

2018 年 4 月 27 日　　星期五

今天，我们学习“分数大小比较”练习中的压轴题，给我留下很深的印象。

题目：我们班的小兰和小明都爱看书，小兰看了《奇奇怪怪的树》这本书的$\frac{2}{11}$，小明看了《神奇的大自然》这本书的$\frac{2}{9}$，谁看的书多？

我看完题目心想，这有何难，便高高地举起手，夏老师叫我回答，我很自信地说：“因为$\frac{2}{11}$小于$\frac{2}{9}$，所以小明看的书多。”很多同学都同意我的观点，我很自豪地坐了下去。夏老师笑了笑说，果真是这样吗？我们班的数学小博士发话了：“我觉得这道题不能比，因为这两本书的页数不知道相同不相同。”我一听，是呀，我怎么没想到呢？掉进这个陷阱里！我为自己的冲动懊悔。夏老师说，看来这道题并不简单，不要被表面的分数所迷惑。该怎么比较这道题的结果呢？请各小组互相讨论。经过小组讨论，全班交流，比较结果有三种情况。原来这道题要用假设思想来解。通过解这道题，我进一步明白了思考问题要全面，合作学习非常重要，一个人解决不了的问题，经过大家的讨论就解决了，真是众人拾柴火焰高。

在数学日记里，学生反思了解答这道开放题的过程，表达了自己的情感、态度，并分析了错因，谈了获得的启迪。这么深刻的启迪已远远胜过解这道题本身。反思将促进学生情感、态度、价值观的和谐发展，对学生核心素养的养成是大有裨益的。

(3) 成长记录袋里反思

让学生建立成长记录袋，反思自己学习数学的进步历程，可以树立学好数学的信心。成长记录袋中可收集反映学习进步的重要资料：自己特有的解题方法；自己最满意的作业；典型的错例分析；最满意的数学日记；印象最深的学习体验；探究性活动记录；发现的日常生活中的数学问题或提出的有挑战性的问题；对解决问题的反思；单元知识总结；单元试卷与分析；自我阶段小结；最喜欢的一本书；自我评价或他人评价等。实践证明，让学生参与成长记录袋建立，有助于培养学生对自己的数学学习进行监控的能力和负责的态度。

4. 让学生体验反思的欢乐——乐反思

心理学告诉我们，一个人只要体验一次成功的喜悦，便会激起无休止的追求意愿和力量。苏霍姆林斯基说过：“一个孩子如果从未品尝过学习劳动的欢乐，从未体验克服困难的骄傲，这是他的不幸。”因此，把握好时机，使每个学生在不断反思的过程中获得成功的体验，产生更大的反思愿望。

(1) 体验反思日记的快乐

笔者充分利用数学课前3分钟这一平台，每天安排一至三位学生上台演讲数学日记或典型错例剖析，充分展示每位学生的反思水平。同时将写得比较好的反思日记、典型错例分析，张贴到学习园地，进而送交校刊发表或发送到少儿刊物发表。这样的反思形式，深受学生的喜欢，大大激发了学生的反思兴趣。

(2) 体验“反思之星”的光荣

为了激发学生的反思热情，根据课堂上学生的反思表现、学生的反思日记、错题分析、建立成长记录袋等情况定期开展“反思之星”的评选活动。

以学生自评互评、家长评、教师评相结合的方式，本着重在参与的原则，评选面可广些，从三个层面加以评选：优秀反思型学生、良好反思型学生、进步反思型学生，并给予表彰。

评　语

某某同学，祝贺你！在开展“成长＝经验＋反思”的活动中，你积极参与，表现突出（良好、进步），被评为优秀（良好、进步）反思型学生，望再接再厉。

实践证明，从课内到课外，通过多种途径开展反思活动，效果是显著的。加强反思意识，提高反思能力，大大减少学习中的错误，尤其是非智力因素引起的错误，提升学习能力，培养反思习惯，促进可持续发展。

（二）培养学生反思意识的着眼点

反思，从字面的理解是反省、思考，思考经历过的事情，从中总结经验教训；意识，是人的头脑对于客观物质世界的反映，是各种心理过程的总和。结合这两个概念的意思，笔者把学生的反思意识理解为学生对自己经历的学习过程的梳理、体验和感悟。2011 年版课标在总目标指出，要引导学生在问题解决中初步形成评价与反思的意识。作为一线教师如何践行课标的理念，让学生反思意识的培养落地、开花、结果呢？笔者在教学实践中进行了研究与思考，提出了培养学生反思意识的有效着眼点，现结合相关的教学案例说明之。

1. 在学生思维的错误处反思

［案例］一匹长方形绸带，长 5 米，宽 1.25 米，用来制作底和高都是 25 厘米的直角三角形小彩旗，一共能做多少面？

师：这道题做错的同学不少，谁来说说你是怎么错的？经历了这些错误，你有什么体会吗？

生$_1$：我是单位没有换算，做错了，我要在审题上下功夫，读清题目的条件和问题。

生$_2$：我是三角形的面积直接算成底乘高，没有除以 2，做错了，要加强对公式的理解记忆。

生$_3$：我是计算错了。我呀，要加强计算的练习。

师：通过这些同学对解题错误的反思，你们有什么启发？

生$_4$：审题真的要认真对待。解决问题的第一题：在一次跳远比赛中，小军跳了 2.98 米，小明比小军少跳了 0.24 米，小华比小军多跳了 0.18 米。小明和小华各跳了多少米？我也是因为没有认真审清题目的第二个条件，用小明的米数加 0.18 米，结果错了，真是可惜。

生$_5$：面积公式真的要记清，尤其是三角形、梯形的面积公式别忘了除以 2。填空题的第 12 题：一块三角形的土地底是 500 米，高是 80 米，面积是（　　）平方米，合（　　）公顷。计算三角形的面积时，我忘了除以 2，结果第一个答案错了，连锁反应导致第二个问题也错了。

生$_6$：计算要认真。解决问题的第 4 题：一块梯形麦田，上底是 56 米，下底是 34 米，高为 24 米，平均每平方米麦田产小麦 0.6 千克，这块麦田一共产小麦多少千克？我先求出梯形的面积是 1080 平方米，都没有错了，结果 1080×0. 6 算成了 6480，错了。

师：这道题除了计算错外，还有不一样的错法吗？

生$_7$：我是理解错了，用 1080÷0.6。

这是一次月考试卷的评讲课，教师选择一道学生错误较为典型的问题，设计了三个问题：谁来说说你是怎么错的？经历了这些错误，你有什么体会吗？通过这些同学对解题错误的反思，你们有什么启发？通过对这三个问题的反思，学生对自己的解题错误有了一个反思的过程，又参与了其他同学对错误的反思过程，经历了这样的一个反思过程，学生对错误的体会就会有印象，才有了吃一堑长一智的经验积累。错误是人生成长过程中避免不了的，它是一把双刃剑，引导的适当，错误将是人们走向成功的基石。因此，对于小学生在学习上的错误，是非常正常的，关键是要变废为宝。案例中的教师，深谙这一道理，把反思的着眼点放在引导学生对错误的体会上，有效利用错误资源，让错误的价值得以彰显。尤其难得的是教师以一道题的错误反思，引发了学生对试卷上其他错题的反思，不仅提高了试卷评讲课的效率，更是丰富了试卷评讲课的形式。

2. 在解题方法的优化处反思

［案例］一匹长方形绸带，长 5 米，宽 1.25 米，用来制作底和高都是 25 厘米的直角三角形小彩旗，一共能做多少面？

师：谁来说说你是怎么解答的？

生$_1$：我是根据长方形的面积除以三角形的面积解答的，过程如下：5 米=500 厘米，1.25 米=125 厘米，500×125=62500（平方厘米），25×25÷2=312.5（平方厘米），62500÷312.5=200（面）。

师：大多数的同学都钟情于这样解答，还有不同的解法吗？

生$_2$：我是根据长方形的长和宽分别有几个 25 厘米来思考的，解答过程如下：500÷25=20，125÷25=5，20×5=100，100×2=200（面）。

师：这道题有两种不同的思路，解法一是根据大面积除以小面积，解法二是根据长与宽分别包含几个 25 厘米来思考，两种解法对比你比较倾向于哪一种解法呢？

生$_3$：我比较倾向于解法一，大面积除以小面积，好理解，只是这道题的计算麻烦了些。

生$_4$：我是比较倾向于解法二，计算过程可以口算。

师：公说公有理，婆说婆有理，到底哪一种解法更适用，让事实来说话。请同学们看这道题：一张长方形彩纸，长 13 分米，宽 9 分米，制作底和高都是 4 分米的直角三角形的小彩旗，一共能制作多少面？

师：请同学们用两种方法解答。

生$_5$：13×9=117（平方分米），4×4÷2=8（平方分米），117÷8=14.625≈14（面）。

生$_6$：13÷4=3……1，9÷4=2……1，3×2=6，6×2=12（面）。

师：比较两种解法的结果，你有什么发现？

生$_7$：两种解法的结果不一样，肯定有一种解法是错的。

师：到底哪种解法是错的？你用什么方法验证？

生$_8$：可以画图看看。

师：好的，大家就画图试试看。

生$_9$：从图上我们数一数，只有 12 面，说明解法一是错的，因为剩余的部分彩纸不够做一面了。

师：事实胜于雄辩。那为什么上一题用两种解法都可以，而这一题只能用解法二呢？

……

师：现在你们认为哪一种解法更通用？

生齐说解法二。

在解题方法的优化处引导学生反思，有利于学生发现解法一的局限性，解法二的通用性，认可并接纳解法二。而要让学生愉悦接纳解法二，教师先通过两种解法的比较，又举一道类似的题，让学生用两种解法解答，并比较结果，再引导学生反思为什么上一题两种解法都可以，而这题只能用解法二。经过对这一过程的反思，学生发现了原来自己倾向的解法一是有局限性的，而解法二更显示出它的通用性。

3. 在数学思想的感悟处反思

[案例] 平行四边形面积计算

师：面对要学习的新知识平行四边形的面积计算，我们是怎么做的？

$生_1$：没有办法直接求，我们先考虑能不能把它转化成长方形。

$生_2$：接着我们是通过剪、平移进行转化。

$生_3$：我们是通过沿平行四边形的高剪开，再平移拼成了长方形。

师：这样做的目的是什么？

$生_4$：把平行四边形转化成长方形。

师：为什么要转化呀？

$生_5$：把新知识转化成旧知识，利用旧知识来学习新知识。

师：在这个过程中有一个想法非常重要，它就是转化思想。转化是一种数学思想，数学学习中我们经常要用到转化的思想，把要研究的新知识转化成已学过的旧知识来学习。

师：比如，在学习两位数乘两位数时，我们就用了转化的思想，把两位数乘两位数转化成两位数乘一位数来学习；下一节课，我们要学习三角形的面积计算，你有什么想法吗？

$生_6$：把三角形转化成已学过的长方形。

$生_7$：把三角形转化成已学过的平行四边形。

数学思想隐含于知识的背后，是教学的灵魂。案例中，教师引导学生反思问题：面对要学习的平行四边形面积的计算，我们是怎么做的？为什么要这么做？把蕴含公式推导过程中非常重要的转化思想凸显出来，又通过回忆两位数乘两位数和要学习的三角形面积计算的延伸，让学生进一步感悟转化思想在学习新知识中的应用。数学思想不是教会的，而是靠感悟的，这种感悟只有建立在经历知识探究过程后的及时反思，才会刻骨铭心。因此，教学中把反思点设在数学思想方法的感悟处，是明智之举，是践行2011年版课标理念的教学，是有深度、有思想的教学。

4. 在解题策略的价值处反思

［案例］解决问题的策略——一一列举

师：这节课我们学习了什么策略？

生$_1$：我们学习了一一列举策略。

师：用一一列举策略解决的问题有什么特点？

生$_2$：要求得问题有多种可能的情况，要进行比较。

师：你能结合今天学的例题、练习题说吗？

生$_3$：比如例题，先要把周长是22米的长方形的长和宽一一列举出来，算出每个长方形的面积，再来选择面积最大的长方形。

师：用一一列举策略解决问题，要做到怎样思考？举个例子说明。

生$_4$：用一一列举策略解决问题要做到有序思考。比如练习十七的第一题：(　　)×(　　)＝36，要做到有序思考，从乘数1乘36开始想到36乘1，再从乘数2乘18想到18乘2，……按这个顺序思考，就能避免不重复、不遗漏。

解决问题的策略一一列举的价值在于培养学生有序思考问题的能力。如何让学生积累有序思考问题的经验，反思是一条重要的渠道。案例中，教师把反思的着眼点放在策略价值的体验上，通过问题：用一一列举的策略解决问题有什么特点？你能举个例子说说吗？用一一列举的策略解决问题要做到怎样的思考？从练习中举个例子说明等，让学生把反思的着眼点聚焦在对列举策略价值的回顾与梳理上，让价值得以凸显。

5. 在学习方法的梳理处反思

［案例］乘法分配律

师：我们来梳理一下乘法分配律的学习过程。刚才，我们是如何探究乘法分配律的？

生$_1$：从“比一比”例题的$(6+4)\times 24=6\times 24+4\times 24$开始的。

生$_2$：接着我们每人写了一个这样的等式，发现结果也相等。

师：这时，引发了我们什么猜想？

生$_3$：是不是像这样的两个算式，它们的结果都相等呢？我们就举例子进行验证，结果是否相等。

生$_4$：为什么结果相等呢？我们用乘法的意义加以解释，6×24＋4×24 表示 6 个 24 加上 4 个 24，结果是（6＋4）个 24，即 10 个 24，等号两边都表示 10 个 24。

生$_5$：经过解释我们明白了两个算式相等的道理，获得了乘法分配律。

师：也就是说，我们是应用了发现问题、提出猜想、举例验证、获得结论、解释应用的方法习得了乘法分配律的。这种学习方法，简称猜想验证的方法，它是我们学习数学一种非常重要的方法，在今后的学习中，还要经常与它打交道。

让学生掌握学习方法是数学教学的目标。案例中，教师引导学生梳理获得乘法分配律的学习过程，把这一过程中运用的猜想验证的学习方法明晰化、条理化，在对猜想验证方法的反思体验中积累学法经验。案例中的教师深知，只有借助于这样的反思，零散的学习过程才有机会得以条理化，猜想验证的学习方法才能让学生得以体验，为下一次运用猜想验证探索新知积蓄正能量，助推学生养成运用猜想验证学习的习惯。因此，把反思知识获取的过程，把贯穿于这个过程的学习方法内化为学生进一步学习的自觉行为，是每一节数学课的目标追求，只有在一节一节的数学课的慢慢积淀中，学法的培养才能厚积薄发。

反思无处不在。以上笔者从课堂教学中例举了培养学生反思意识的五个着眼点，当然还可以从其他角度进行反思，比如解题后的反思、单元学习后的反思、单元测试后的反思、写反思日记、周记等。反思意识的培养不可能是一蹴而就，而是一个持之以恒、不断渐进、从量变到质变的过程。要求教师要加强反思教学，根据课堂教学的实际情况，随时捕捉反思点，把学生的每一次经历，经过体验、反思，内化为学生数学思维活动的一部分，日积月累，反思意识的培养终将瓜熟蒂落、水到渠成。

（三）解题后，教师应引导学生反思什么

从学生的解题情况来看，有心的老师不难发现这样一种现象，学生往往在解完题后，就认为是万事大吉了，很少有学生能自觉检验答案是否正确；或自觉地转换角度思考其他解法；或自觉地总结题中隐藏的解题规律……纯粹是为了解题而解题。这种不良的解题习惯，不利于学生解题能力的提高，不利于学生思维能力的培养，不利于学生解题责任意识的培养，完全失去了解题应有的功能，应引起教师的足够重视。那么如何改变这种解题中存在的普遍现象呢？关键在于教师的引导、示范，方能为学生积累解题后自觉反思的经验，直至内化为学生的自觉行为。

引导学生解题后的反思，应思什么呢？笔者以为当学生解完一道题后，教师应抓住机会，一方面引导学生反思一下解题的整个过程是否合理完整，结论是否正确，解题中遇到了什么困难，你是如何克服的；另一方面通过反思对解题思路做进一步的梳理、归纳，或探索其他解法，或总结解题规律，或对原题进行引申与拓展等。凸显这一环节，目的就是发挥习题的最大化功能，用足、用活习题，帮助学生融会贯通数学知识，训练学生严密、深刻、灵活的思维品质，从而积累解题经验，提高解题能力，培养学生的解题责任感。

1. 引导学生反思算式是否符合题意，培养学生解题责任意识

事实证明，很多学生解错题，并不是不会造成的，而是没有认真审题的结果，要么对条件的关键字眼视而不见，要么对问题的关键字眼睁一只眼闭一只眼，这样的一种审题习惯，造成了学生对解题没有责任意识。因此，非常需要改变这种现象，学生解完题后，首先应引导学生反思所列的算式是否符合题意，答案是否正确。通过反思学生就容易发现问题，查处错因，确保结果正确，同时积累经验，不仅起到了吃一堑长一智的效果，更是培养了学生解题责任意识。如题，用边长 8 分米的方砖铺一间排练厅，需要方砖 125 块；如果改用边长 10 分米的方砖，需要多少块？有的学生列式是：8×125÷10＝100（块）。针对学生的错解，笔者不急于判定错误，而是引导学生反思：8×125 表示什么？学生说 8×125 表示边长乘块数，那边长乘块数的结果表示什么呢？你能画图看看吗？学生一画图，马上意识到自己错了，误把边长当面积，找到了错误的根源，列出了正确的算式：8×8×125÷(10×10)＝80（块）。接着让学生说说错解带来的启示：有的学生说要读清条件，不要被表面的数所迷惑；有的学生说解决这类题最好先画个图试试看，这样不至于把边长当面积；有的学生说，解完题之后，还要自我检验，确保答案正确……学生从审题要认真，可以借助画图帮忙审题，理解题意，自我检验等角度进行了自我反思。

2. 引导学生反思是否可以一题多解，培养学生发散思维能力

对于解决一道题，很多学生列出一种解法后，极少去考虑是否还有其他

解法，除非题目有要求。其实不少应用题，都可以用不同的方法解答，尤其是到了六年级，学习了分数、比的知识之后，很多应用题都可以从不同的角度进行思考，这样做不仅加强沟通知识间的联系，更是起到了培养学生发散思维能力之目的。如题，一本故事书共 300 页，淘气前 5 天看了总页数的$\frac{1}{3}$，照这样计算，看完这本故事书还要多少天？很多学生是这样列式的：$300\times\frac{1}{3}=100$（页），$100\div5=20$（页），$300\div20=15$（天），$15-5=10$（天）。笔者对学生的解法进行了充分的肯定：你们用了四步解决了这道题，想一想有没有更简洁的方法呢？可以通过画图试试看。通过画图，有的学生发现了 5 天的对应分率就是$\frac{1}{3}$，用$5\div\frac{1}{3}=15$（天），就是看完这本书的总天数，再用$15-5=10$（天），求出剩下的书还要看的天数。列式：$5\div\frac{1}{3}-5=10$（天）；有的学生说，用$\frac{1}{3}\div5=\frac{1}{15}$，求出 1 天看了全书的$\frac{1}{15}$，再用单位“1”除以$\frac{1}{15}$，求出看完全书要用 15 天，列式是：$1\div\left(\frac{1}{3}\div5\right)-5=10$（天）。经过比较，大家都认为解法 2、解法 3 都比解法 1 简洁。而为什么我们首先想到的是解法 1 呢？有的学生说，受要用尽全部条件的影响；有的学生说，这道题总页数 300 可用可不用，不用这个条件解法更简洁。因此，引导学生反思是否可以一题多解，不仅能培养学生的发散思维能力，同时还培养学生的优化意识，积累解题技能的经验。

3. 引导学生反思是否蕴含解题规律，培养学生抽象推理能力

同类题目总是蕴含着相同的解题规律。在解完题后，引导学生寻找解答同类题目的解题规律，能够起到牵一发而动全身的作用，对培养学生的抽象推理能力有极大的帮助。如题，笑笑看一本 200 页的科技书，第一天看了全书的$\frac{1}{4}$，第二天看了全书的$\frac{1}{5}$，还剩下多少页没有看？为了能使学生解完题后，掌握同类题目的解题规律，笔者将问题隐去，改成先提问题，再列式解答。经过交流，学生提出了如下的问题：

（1）第一天看了多少页？列式：$200\times\frac{1}{4}$

（2）第二天看了多少页？列式：$200\times\frac{1}{5}$

（3）两天共看了多少页？列式：$200\times\left(\frac{1}{4}+\frac{1}{5}\right)$

（4）第一天比第二天多看了多少页？列式：$200\times\left(\frac{1}{4}-\frac{1}{5}\right)$

（5）还剩下多少页没有看？列式：$200\times\left(1-\frac{1}{4}-\frac{1}{5}\right)$

接着引导学生观察这五道算式，说说它们在解法上有什么相同之处？蕴含着怎样的数量关系？经过反思，有的学生说，五个算式的列式都是依据一个数乘分数的意义；有的学生说，都是根据单位“1”的量×问题的对应分率列式；有的学生说，解决这类问题，只要找准单位“1”的量以及所求问题的对应分率，再根据单位“1”的量×问题的对应分率，即可解决问题。在学生的你一言我一语中，水到渠成地揭示此类题的解题规律。

4. 引导学生反思可以怎样进行一题多变，培养学生举一反三的能力

学以致用、举一反三是学生应用意识的体现。解完题后，可以启发学生想一想怎样改变原题的结构，使一题变成多题，便于观察、比较。这样进行一题多变不仅有利于拓宽学生的解题思路，更可以防止思维定势的负迁移，培养学生举一反三的能力。如题，甲、乙两车同时从相距720千米的A、B两地相向开出，甲车每小时行80千米，乙车每小时行70千米，经过4小时，两车相距多少千米？待学生列出720－(80＋70)×4算式后，笔者引导学生对原题的第一个条件进行延伸。

（1）如果把“甲、乙两车同时从相距720千米的A、B两地相向开出”中的“相向”改成“相背”，问题如何解决？经过画图分析，列式为：720＋(80＋70)×4。

（2）如果把“甲、乙两车同时从相距720千米的A、B两地相向开出”中的“相向”改成“同向”，问题如何解决？经过画图分析，本题有两种可能，如果是甲车追乙车，列式为：720－(80－70)×4；如果是乙车追甲车，列式为：720＋(80－70)×4。

（3）如果把“甲、乙两车同时从相距720千米的A、B两地相向开出”中的“相向”去掉，问题如何解决？

把条件中的“相向”这个关键词去掉，使一道封闭题变成了开放题。学生在解答之前先要考虑甲、乙两车的行驶方向，可能是相向而行，也可能是相背而行，还可能是同向而行，其中同向而行又有两种可能，一种是甲车追乙车，另一种是乙车追甲车，越追越远。把学生容易混淆的相向而行、相背而行、同向而行三种情况放到一起研究，不仅起到了有效比较、澄清模糊的作用，更是起到了举一反三、闻一知十、触类旁通，强化思维密度和增大思维广度的效果。

总之，并不是每一道题都要引导学生反思，而是要抓住机会，或根据题目的特殊性、或根据学生当时的学习情况。引导学生解题后的反思，对教师而言，需要教师做个教学的有心人；对学生而言，有利于培养学生的解题责任感，这一点对一个人的成长非常重要，有责任才有担当，有担当才有所为。这也是数学教学的使命。

三、涵养整理知识的习惯

俄国教育家乌申斯基说：“智慧不是别的，而是组织得很好的知识体系。”从教育家的至理名言里，我们不难读懂整理对于学习知识的重要性。这里的“组织”指的是对知识的结构化整理，知识一旦整理成知识体系，就能达到融会贯通，转化为智慧。教材的编者意识到知识整理的重要性，把整理的思想引进了数学教材。苏教版数学教材从四年级起编排了单元“整理与练习”和学期“整理与复习”，通过问题的方式引领学生整理知识。教学中，笔者非常注重数学知识、方法的整理，并彰显这一思想的教学。在2018年宁德市基础教育立项课题“基于核心素养立意的小学数学‘1＋X’教学实践研究”中，笔者把语文中的听、说、读、写，作为“1＋X”中的“X”，与数学教学整合，使数学与语文联姻。

（一）整理数学知识的内涵

整理，即整顿、收拾，使之有条理，有秩序的意思。数学知识整理，即对所学的数学知识、方法、原理进行梳理，使之实现概念化、条件化、结构化、自动化和策略化。常见的整理方式，从知识点的角度看：有课时知识整理，即对一节课内容的梳理；单元知识整理，即对一个单元内容的梳理；学期知识整理，即对一个学期内容的梳理。从习题整理的角度看：有同质习题整理，即对解题方法一致，情节表达不一致的习题进行梳理；易混习题整理，即对容易混淆的习题进行梳理；拓展习题整理，即对源于教材，又高于教材，有挑战性的习题进行梳理。从法理的角度看，有方法整理，即对学习方法、解决问题方法的梳理；原理整理，即对数学原理、公式等的梳理。

（二）整理数学知识的价值

知识的学习是逐渐积累的，如果没有整理，在头脑中容易成堆积式的。心理学研究表明，优生和差生的知识组织存在明显差异。优生头脑中的知识是有组织、有系统的，知识点按层次排列，而且知识点之间有内在联系，具有结构层次性。差生头脑中的知识呈水平排列，是零散和孤立的。数学知识整理的价值主要体现在使数学知识结构化。结构化，就是指将逐渐积累起来的知识，适时加以归纳和整理，使之条理化、纲领化，达到纲举目张。结构化对知识学习具有重要作用，因为当知识以一种层次网络结构的方式进行储存时，可以大大提高知识应用时的检索效率。当代心理学研究非常强调知识的重要性。个体解决问题能力的高低取决于个人所获得的有关知识的多少及其性质和组织结构。学生对知识的学习只有实现概念化、条件化、结构化、自动化和策略化之后才能真正促进问题的解决。课时知识整理有利于学生及时温习当天所学的知识，温故而知新；单元知识整理有利于学生沟通知识的前后联系；学期知识整理有利于学生对一学期所学的知识整体把握，横向梳理有广度，纵向梳理有深度；同质知识整理，有利于学生透过现象看本质，培养思维的深刻性；易混知识整理，有利于学生养成纠错能力，培养思维的批判性；拓展知识整理，有利于拓宽学生的思维，培养学生的创造性；法理知识整理，有利于学生学法迁移，培养学生触类旁通、举一反三的能力。

（三）整理数学知识的教学策略

1. 体会数学知识整理的价值——想写

数学知识整理只有凸显其价值，才能得到学生的认可、接纳。著名数学家华罗庚先生说："读一本书要越读越薄。"书越读越薄的过程，就是在多次重复阅读中不断删除冗余信息的过程，浓缩的主要办法就是进行整理。通过教材的单元"整理与练习"，让学生思考：什么是数学知识整理？为什么要进行数学知识的整理？在师生互动中，让学生感受数学知识整理能使知识清晰化、条理化、系统化、结构化、简约化，打心里喜欢上数学知识整理。

2. 掌握数学知识整理的写法——会写

(1) 规范写法

方法是实践的工具。课时、单元、学期知识点整理，一般写法包括：学了什么，包含哪些知识点，知识点的内涵，举例说明应用等。习题整理，一般写法包括：发现有同质、易混、拓展习题，就把相应的习题充实到原来的习题系统中。法理知识整理，一般写法有：在学习新知、解决问题的过程中，发现学法、解法、原理相一致的，就把相应的习题充实到原来的法理系统中。

(2) 学习范例

模仿是学习的开始。要引领学生写数学知识整理，首先要让学生懂得怎么写，提供给学生仿写的脚手架，因此，让学生学习数学知识整理的范例，是非常重要的一环。笔者把各种数学知识整理的范例打印出来，供学生学习、交流、分享。下面列举一例说明：

“质数与合数”的课时知识整理

今天我们学习了“质数与合数”一课，这节课的知识点有：质数和合数的含义；判断一个数是质数还是合数。非 0 自然数按因数的个数分为质数、合数、1。质数也叫素数，只有 1 和本身两个因数。如 2、3、5、7、11、13、17、19……最小的质数是 2。合数，除了 1 和本身外还有其他因数。如 4、6、8、9、10、12、14、15、16、18、20……最小的合数是 4。我会根据质数和合数的特点判断一个数是质数还是合数。比如，29 只有 1 和 29 两个因数，所以是质数，21 除了 1 和 21 还有 3 和 7，共 4 个因数，所以是合数。

3. 养成整理数学知识的习惯——好写

好习惯，成就好未来。引导学生写数学知识整理的目的，最终是让学生养成数学知识整理的好习惯，自觉进行数学知识整理，并把整理思想迁移到其他学科的学习和生活当中去。因此，教学时，教师要从简单的课时知识整理入手，让学生学会写，并尝到写的乐趣，再过渡到单元知识整理，由易到难，扶放结合，不断激励评价，持之以恒，直至学生养成习惯。

总之，进行数学知识整理的训练，既是落实教学目标，也是学生可持续发展的需要。数学知识散落在教材中，经过梳理，把散落的知识一个个串起来，就像把散落的珍珠一颗一颗串起来，这样化零散为整体，使学生既见树木，又见森林，知识的整体化构建，就像珍珠链的价值一样得以凸显。

第三章 “为思维而教”怎么教?

“为思维而教”怎么教?这是对实践操作层面的拷问,决定着思维的效率、效益,思维的进阶、发展。指向“为思维而教”的数学教学,注重以教材为范例,挖掘教材背后隐含的思维价值、数学思想、数学文化;以课标为指导,把思维的培养贯穿到教学中;以问题为引领,驱动学生的数学思考;以思维素养的练习为指向,让数学思考在教学中真正发生;以反思为抓手,促发学生的思维由低阶走向高阶;以活动为载体,促主张落地,引领更多的教师参与到“为思维而教”的行列。

第一节 以教材为范例

教材是教师教与学生学的蓝本,是个例子,教师要充分利用好这个例子,在关注知识技能的基础上要把着眼点放在例子背后蕴含的思维因子;通过画数学,让学生的思维可视化;基于核心素养背景下教学要指向数学关键能力和必备品格的培养。

笔者在随堂听课中,或是在青年教师的评优课中,发现一个普遍存在的现象,就是相当一部分的教师没有用好教师教学用书。有意翻阅老师们的教师教学用书,发现有的老师的教学用书崭新崭新;有的老师的教学用书偶有翻翻的痕迹;有的老师直接说有人听课时,临时抱佛脚翻翻圈圈;有的老师则认为看教案书更好等。本应是案头书的教师教学用书竟成了奢侈的摆设品,难怪有的老师的课教学目标不明;有的老师的课云里雾里不知讲些什么;有的老师的课不知何为重点、难点;有的老师的课教学意图不清;有的老师的课练习操作指导不到位;有的老师的课整体把握不到位;有的老师的课脚踩西瓜皮，滑到哪里算哪里等。看来，加强文本解读，提高教学执行力，已迫在眉睫、刻不容缓。

一、读单元教学目标，明课时教学目标

教学目标是教学的灵魂。教学目标是什么？这是上一节课前每位教师必须叩问自己的第一个问题。那如何拟订课时教学目标呢？常用的方法是借助单元教学目标来分解课时教学目标。例如，苏教版教材四年级下册“解决问题的策略——画图”的教学目标，教学用书是这样定位的：1. 使学生在解决实际问题的过程中学会用画直观示意图、线段图等方法整理相关信息，能借助所画的直观图或线段图分析实际问题中的数量关系，确定解决问题的正确思路；2. 使学生在对解决实际问题过程的反思中，进一步感受用画图或列表的方法整理信息对于解决问题的价值，体会到画图或列表整理信息是解决问题的常用策略；3. 使学生进一步积累解决问题的经验，增强解决问题的策略意识，获得解决问题的成功体验，提高学好数学的信心。解读单元教学目标，不难看出，目标是从知识技能、过程方法、情感态度三方面来刻画的。根据目标1分解课时目标，将目标1中的“线段图等方法”“或线段图”这10个字去掉就OK啦，同理将目标2中的两个“或列表”去掉，目标3不变，这样课时目标就拟定好了。第二课时的教学目标亦然。这里采用“去字法”或“保留法”分解单元教学目标，明确课时教学目标，从宏观到微观，从整体到部分，既见森林，又见树木。

二、读单元教材说明、建议，明教材编排特点

读本单元教材说明建议，让我们明确学习本单元的基础缘于两个方面：一是上学期学生已经初步学习了用列表的策略解决实际问题；二是本学期学生学习三步混合运算及乘法分配律时，所积累的解决有关实际问题的经验。还明确本单元分三段来学习：第一段重点教学用画直观示意图的方法解决有关面积计算的实际问题；第二段重点教学用画线段图或列表的方法解决有关行程计算的实际问题；第三段对比练习，用列表的方法解决其他稍复杂的三步计算的实际问题。明确教材的编排特点：一是选择合适的实际问题，让学生在运用策略解决问题的过程中，感受到画图或列表整理信息对于解决问题

的重要性，从而激发学生对解决问题的策略的心理需求。二是在解决问题的过程中，培养学生运用策略的意识，逐步提高学生运用策略的能力。三是在富有变化的实际问题中，让学生感受策略是超越具体问题而存在的。通过解读让我们明白教材的地位，教学的重点、难点，知道策略的教学不同于传统应用题的教学，要让学生在运用策略解决问题的过程中，感受到画图或列表整理信息对于解决问题的重要性，从而激发学生对解决问题的策略的心理需求。同时在解决问题的过程中，培养学生运用策略的意识，逐步提高学生运用策略的能力；感受策略是超越具体问题而存在的。只有明白了教材的编排意图、运用画图策略的教学要求，我们才能在教学中有意加以实施，画图策略的教学才能不折不扣地进行到底。

三、读课时教材说明，明教学意图

知其然，更要知其所以然。只有明确教学意图，才能明确为什么教。课时教材说明正是告诉我们教学意图，即为什么这样教。比如，本课时从课时教材说明中我们明确例 1 的教学意图是帮助学生借助示意图确定解决问题的思路，画示意图是解决这一实际问题过程中一个主要环节，教材突出这一环节就是为了让学生体验在解决问题时运用策略的重要性；明确“试一试”的教学意图是通过由长的增加变为宽的减少的简单变式，让学生在解决这一问题的过程中，进一步熟悉画示意图的具体方法，体现策略的运用过程；“想想做做”的教学意图是巩固用画示意图的方法来整理题目中的信息，同时让学生体验解决同一问题的不同策略，增强灵活运用策略解决问题的能力。

四、读课时教学建议，明教学程序

教学程序即怎么教，课时教学建议通常用“首先……接着……最后……”这样的词语来强调教学流程。比如，本课时教学建议是这样描述的：首先可以向学生呈现例题的纯文字部分，让学生初步阅读后说说题目的大意，接着让学生思考怎样可以将这个题目的意思表达得更清楚；接下来分析数量关系时，要提示学生联系示意图去思考，借助示意图交流自己的想法；最后，逐步让学生对整个的问题过程进行反思。根据教学建议，我们可以确定这样的教学思路：一是让学生读题并说说题意；二是引导学生画示意图整理条件、问题；三是引导学生结合示意图分析数量关系；四是引导学生对整个解题过程进行反思梳理。透过第一个环节的背后教学要注重培养学生的审题思维；第二个环节要培养学生把抽象的文字语言转化为直观形象的图形语言；第三个环节要培养学生结合线段图分析数量关系的思维；最后一个环节要培养学生的反思性思维。在此过程中感悟数形结合思想在解决问题过程中的价值。

五、读教材旁白，明教学注意点

苏教版教师教学用书的一大亮点是在页面的右方留下旁白，旁白处强调的是教学注意点。比如，本课时在例1的旁白处这样写道：画示意图时，可适当提醒学生注意有关长度的比例，注意在图中合适的地方标出相关的条件和问题。在探索解题思路时，要重点引导学生理解增加的18 m^2 正好是原来长方形花圃的宽与3米相乘的结果，并依例要让学生指着示意图来说明自己的思考。解读这些注意点，教学时我们就会特别注意学生画长方形的长与宽时比例要适当，示意图上的条件、问题要标明，分析数量关系要扣紧示意图来说，才能充分发挥示意图在解决问题中的桥梁作用。

总之，教师教学用书，是教师的案头书，是教学预设的参考书，是教学中的指南针、方向盘，对教学用书的正确解读并运用是提高教学效率的有效途径。因此，同行们，尤其是年轻的同行们，要想上好课，要想促进自己专业进一步成长，要想使自己的教学能脱胎换骨，请从教师教学用书的解读开始吧！

第二节 以课标为指导

2011年版课标是我们教学的方向标，课标提出“十大核心词”“四基”“四能”等理念，是指导课堂教学的纲领性文件。指向“为思维而教”的教学，注重以课标精神、理念引领课堂教学，把发展学生运算能力、几何直观、创新意识，感悟数学思想、积累思维经验、涵养育人品格等落地在实践中。

一、培养“六意识”——彰显计算教学的育人价值

学数学，计算是基础，是关键，是重中之重的目标。计算教学是培养学

生运算能力的主战场，运算能力是2011年版课标提出的十大核心词之一，是数学核心素养的重要组成部分。那么如何让运算能力的培养在计算教学中得以落地，与时俱进提高计算教学的育人性，达成计算教学的三维目标呢？下文以小数计算教学为例，围绕计算教学培养学生“六意识”的角度谈之，探析计算教学的育人价值。

（一）培养整体意识，做一个胸有大局的人

把握整体，统揽全局，道出了整体思维的全局性和重要性。计算教学需要培养学生的这种全局观，做一个胸有大局的人。培养整体意识即培养学生具有从整体的角度思考问题的意识，能够从整体去把握混合运算式题的结构和特征，把握四则运算结果的大致范围，养成从整体入手，关注细节，再回到整体把控的思维方式。

小学的计算教学一般从口算开始，逐步过渡到列竖式计算，最后到递等式计算。教学小数的加减乘除四则运算的列竖式计算，先要从整体把握是哪两个数相加或相减或相乘或相除，结果是几位数，大约是多少，是估大了还是估小了。通过计算前的估算，从整体把握结果的范围，再列竖式计算，将算的结果与估的结果进行比对，有利于发现错误，避免错误，同时培养学生对数的感觉、感情、感悟；同理，教学小数四则混合运算，先整体读几遍式题，明确式题的结构和特征，想一想能不能简便算，能简便算的，根据什么运算律或性质简算，不能简算的按运算顺序算，确定先算什么，再算什么，最后算什么。例如，计算 $15.7-8.9+4.3-1.1$，在整体阅读的基础上分析其结构特征：这是一道三步式题，含有两个加数和两个减数，计算时先分类，两个加数归一类和是20，两个减数归为一类和是10，再根据加法交换律和减法性质进行简算。计算前的整体把控，就相当于打仗前的排兵布阵，胸有成竹方能运筹帷幄，决胜千里。

（二）培养规矩意识，做一个遵规守矩的人

古人云：没有规矩，不成方圆。习近平主席谆谆教导我们，做人要讲规矩，做事要讲规矩。从古人至伟人，无不强调讲规矩的重要性。同理，计算教学也要讲规矩，培养学生做一个遵规守矩的人。培养规矩意识即培养学生能自觉根据四则运算的步骤、四则混合运算的顺序，一步一步算，一丝不苟算，踏踏实实算，切实走好计算每一步。

小数加减乘除四则计算，有其自身的运算步骤，教学时要培养两点规矩：其一是列竖式的规矩。小数加减法的列竖式是小数点要对齐，即相同数位对齐，但要与整数加减法列竖式末位对齐区别开来；小数乘除法列竖式与整数乘除法列竖式是一样的，可以进行正迁移，关键点是小数点的处理。其二是演算的规矩。按照运算方法一步一步认真细致算，同时处理好小数点。小数四则混合运算的运算顺序与整数四则运算一样，整数运算律推广到小数，在知识迁移过程中要学生养成规矩学会根据数据的特点，选择合理、灵活的计算方法，或按顺序算，或依据运算律、性质进行简算。规矩意识为学生计算的绿色通行保驾护航，大大提高了学生计算的正确性、合理性、灵活性，运算能力得到有效的提升。难能可贵的是，学生在经历规矩意识计算的同时，已然感悟规矩做人、做事的重要性。

（三）培养说理意识，做一个明理讲理的人

数学中蕴含着丰富的数理，是培养学生学会讲道理的重要课程，学数学其实就是教学生学会做一个讲道理的人，做到有理有据，以理服人。因此，构建讲道理的数学教学，时下成为了一种趋势。算理就是计算过程中的道理，是指计算过程中的思维方式，是解决为什么这样算的问题。算理是客观存在的规律，为计算提供了正确的思维方式，保证了计算的合理性和正确性，是算法的理论依据。培养说理意识即培养学生不满足于仅仅会算，要善于自觉追问自己为什么这样算，每一步这样算的理由，挖掘算法背后的道理，养成打破砂锅问到底的习惯，具有知其然又知其所以然的质疑精神。

小数四则运算，算法的背后蕴含着算理。小数的加减法，列竖式计算强调小数点要对齐，这是算法要求，为什么小数点要对齐？这是算理理解。因此，教学不能仅仅停留于让学生记住小数点对齐这一方法，更重要的是要让学生理解为什么小数点要对齐，在追问中，在深度思考中，让学生透彻理解小数点对齐就是相同数位对齐，做到以理驭法。同理，教学小数乘法，要让学生深度理解为什么乘数一共几位小数，积就几位小数的道理。教学小数除法，要让学生理解为什么商的小数点要与被除数的小数点对齐。深度说理，使学生经历了算理的深度理解，算法也因算理的理解而变得深刻，变得有理有据。

（四）培养检验意识，做一个有责任心的人

验算是保证计算结果是否正确的最后一道关卡，是对计算结果的负责，是培养学生责任心重要的一环。培养检验意识即培养学生从思想上高度认识检验的重要性，行动上自觉地做到一步一查一验，查数据、符号是否有抄错，验计算结果是否正确，具有为所计算的这道题负责，确保其过程、结果无误的责任意识。

小数四则运算要让学生经历估算、计算、验算的完整过程，验算是最后一算。小数的加减乘除法可以通过其逆运算关系加以验算，不仅确保了结果的正确性，还巩固了相关的运算，起到了双赢的作用。小数的四则混合运算同样要让学生经历检验的过程，在整体感知式题的基础上，做到边做边查边验。例如，计算 $1.5-0.25\times4+0.8=1.5-1+0.8=0.5+0.8=1.3$，要边做边查运算顺序，先算乘法，再算减法，最后算加法，有没有错；数据 1.5、1、0.8，符号－、＋搬家，有没有错；验每一步的计算结果，$0.25\times4=1$，$1.5-1=0.5$，$0.5+0.8=1.3$，有没有错。随做随检随验，不仅确保计算的正确性，从中培养学生认真精细计算的习惯，还培养学生做人、做事的责任意识。

（五）培养变通意识，做一个理性思维的人

变通是一个人思维灵活性、敏捷性、深刻性、批判性、创造性的表现，计算教学要培养学生的思维品质，就离不开变通意识的养成。培养变通意识即培养学生在守规矩的前提下，能够根据题目的特征，计算数据的特点，合理、灵活地选择算法。

小数四则混合运算教学，在规矩运算的基础上，要结合具体的式题培养学生的变通意识。例如，计算 $0.68\times1.9\div0.17$，在按顺序计算的基础上，引导学生思考：还有没有更简便的算法？通过观察学生发现，先算 $0.68\div0.17=4$，再算 $4\times1.9=7.6$，这样可以直接口算更简便。追问：这道题为什么可以这样变通算？你能不能设计一道类似的题？学生在深度思考中，习题设计中，明确同一级运算可以根据数据的特点采用变通算。同理，运算律、运算性质的教学，也是培养学生思维变通的有效载体。例如，计算 $9.9\times2.2+3.3\times3.4$，从表面的数据看，两积之和没有共同乘数，学生认为不能用乘法分配律简算。教师设问：没有共同乘数，能否根据数据的特点变出共同乘数呢？引导学生观察两个乘法算式，看看乘数之间是不是存在倍数关系。学生通过观察分析，发现 9.9 是 3.3 的 3 倍，可以把 9.9 拆成 3.3×3，创造出共同乘数 3.3，打开思维方向，问题迎刃而解。由此引领学生感悟原来共同乘数 3.3 藏在 9.9×2.2 这个算式中，根据数据的特点，完全可以创造出共同乘数，变不可能为可能。因此，培养学生透过现象看本质的思维变通能力，让思维学会转身，一切皆有可能。

（六）培养反思意识，做一个自知之明的人

吾日三省吾身。人贵有自知之明。反思是一个人成长的不竭动力。这些名言警句无不在告诫我们反思对于一个人学习、做人、做事的重要性。2011 年版课标提出要培养学生的反思意识，计算教学理应首当其冲。培养反思意识即培养学生从计算的过程、结果、算理、思想方法、情感态度等方面进行回顾内省，促进思维从肤浅走向深入，培育思维品质，感悟数学思想，积累计算经验，涵养思维素养。

小数计算教学是在学生学习了整数计算教学的基础上进行学习的，计算方法一样，不一样的是小数点的处理，可以围绕学习的过程，学习的方法，学习的态度，计算的错解，数学思想等方面进行反思。例如，教学小数乘除法，引导学生从计算的过程反思，体验经历估算、演算、验算的完整过程，培养学生的计算经验，获得可持续发展的运算能力。从学生错解的角度引导反思，错在哪里？错误的原因是什么？错误带给我什么启迪？让错误成为学生反思的资源，以错消错，提高学生的思辨能力。从数学思想的角度引导学生反思，计算时遇到了什么问题？我们是如何克服困难的？反思为什么要转化？怎么转化？转化后有什么好处？感悟转化思想。

总之，计算教学是数学教学的重头戏，培育运算能力，涵养数学核心素养，是落实 2011 年版课标的要求，是核心素养时代数学教学的需求。因此，培养学生“六意识”，是计算教学的应然追求，是学生思维可持续发展之需，是立德树人之需，势在必行。

二、几何直观，分析数量关系不可或缺的抓手

几何直观是 2011 年版课标提出的十大关键词之一，它的内涵是指利用图形描述和分析问题。它的作用是，借助几何直观可以把复杂的数学问题变得简明、形象，有助于探索解决问题的思路，预测结果。可以帮助学生直观地理解数学，在整个数学学习过程中都发挥着重要的作用。依据课标的注解，

几何直观在数与代数领域、图形与几何领域、统计与概率领域、综合与实践领域都有着不可替代的作用，既是学生学习新知、理解新知的抓手，也是学生分析新知、应用新知的抓手。在解决实际问题中，更是学生分析数量关系不可或缺的抓手。

小学数学，解决实际问题既是教学的重点又是难点，其中分析数量关系是整个解决问题的关键环节，如何突破这个关键环节，让数量关系的分析自然发生？笔者多年的教学实践证明，借助几何直观的形象思维，可以让数量关系的分析更清晰、更合理、更全面、更深入。

（一）几何直观，让数量关系的分析更清晰

有些实际问题条件隐蔽，加之学生容易被条件中的表面数据所迷惑，直接就利用能看得见的条件，忽视了内隐的条件，结果导致数量关系不清晰，给解题带来错误。而借助几何直观，采用数形结合思考，能有效地化解这一矛盾，让数量关系的分析更清晰。

如题：一个等腰三角形，一个底角是顶角的 2 倍，这个等腰三角形每个内角各是多少度？这是苏教版四年级下册学完等腰三角形的特征后，在辅导资料上呈现的一道题，这道题有多个条件内隐，三角形内角和 180°，等腰三角形两个底角相等，加之又是一道和倍问题，平时的教学没有直接接触过，对学生而言，具有一定的思维挑战性。它的数量关系是“底角＋底角＋顶角＝180°”，而学生根据“一个底角是顶角的 2 倍”这一条件，被表面的一个底角所干扰，忽视了等腰三角形有两个底角，错误解答：180°÷（2＋1）＝60°。因此根据学生的错因，引导学生画出一个底角与顶角的关系，顶角画 1 份，底角画 2 份，之后留白、追问，就这样表示好了吗？180°放在线段图的哪里？唤醒学生再现等腰三角形的特征，两底角相等，还要再补画上一个底角 2 份，180°用大括号标注在右边，表示三个角的和。线段图如下：

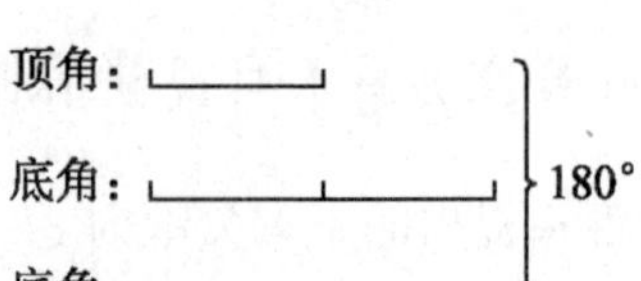

观察线段图，让学生说说，图上告诉我们什么？你想到什么？学生们纷纷说明，顶角 1 份加上两个底角的 4 份，一共是 5 份，正好对应着 180°，顶角1份就是180°÷5＝36°，每个底角2份是36°×2＝72°。几何直观把内隐的条件直观化，使得数量关系从模糊走向清晰，为学生的思维提供了具象的思考载体。

（二）几何直观，让数量关系的分析更合理

面对有些实际问题，学生受解题思维定势的影响，往往就按已有的解题经验进行解决，结果错了，却不知道自己错了，还振振有词地认为：这怎么可能错呢，老师就是这么教我们的，原来这么做都没有错呀。因此，借助几何直观，让事实来说话，是最有利的利器。在事实面前，出错的学生找到了错误的原因，原来都是惯用数量关系惹的祸。

如题，一张长方形彩纸，长13分米，宽9分米，制作底和高都是4分米的直角三角形的小彩旗，一共能制作多少面？解决这道题，大多数学生受大面积除以小面积这个数量关系的定势影响，列成了：13×9＝117（平方分米），4×4÷2＝8（平方分米），117÷8＝14.625≈14（面）。面对这样的列式，学生自以为正确，全然不知所错。如何让学生自悟错误，打破习以为常的惯用数量关系，让数量关系的分析更合理呢？因此，此时不急着给学生的解答下结论，而是让学生说说，用什么方法可以证明自己的解法是正确的，引出画图的方法。学生在画图分析的过程中，一目了然便知道，自己的解法是错的。这道题不能用大面积除以小面积的数量关系进行解答，而是要这样列式：13÷4＝3……1，9÷4＝2……1，3×2＝6，6×2＝12（面），如下图。

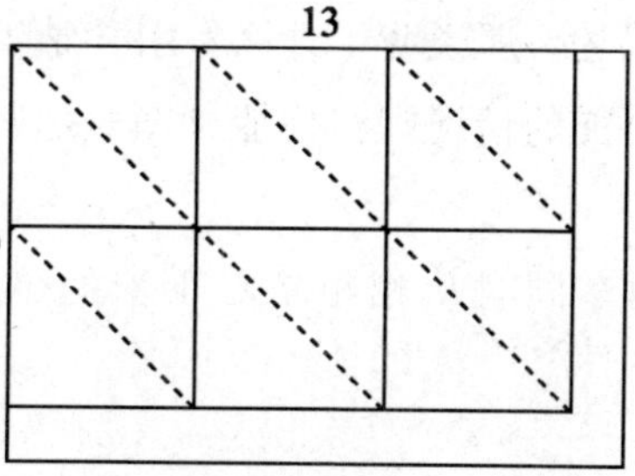

在学生自知其错时，又把问题抛给学生，为什么这道题不能用大面积除以小面积的数量关系进行列式呢？学生借助几何直观示意图纷纷举手，因为大面积的长不是小面积底的倍数，宽也一样，所以就不能。那此题应该用怎样的数量关系呢？什么时候能够用大面积除以小面积呢？此题的出错对你有什么启迪呢？

在学生思维完全沉浸在旧有的解题观念中，对已有的数量关系轻车熟路时，引导学生借助几何直观示意图自悟其错，打破学生固有的解题模式，不仅让数量关系的分析更合理，而且经历了具体问题具体分析的洗礼，借助几何直观，让事实说话，再次引起学生的共鸣。

（三）几何直观，让数量关系的分析更全面

有些实际问题由于其条件的开放性，学生对关键条件忽视，数量关系缺失，造成了思维的片面性。面对此情此景，让学生重读题目，抓住开放条件，借助几何直观，破解其思路分析的窄化，让数量关系的分析更全面。

如题，甲、乙两车同时从相距720千米的A、B两地开出，甲车每小时行80千米，乙车每小时行70千米，经过4小时，两车相距多少千米？在学生学习了相遇问题后，练习课上笔者特意设计了这道题。从实际情况看，学生根据相遇问题的解题模式，很容易地列出了算式：720－(80＋70)×4＝120(千米)，这是笔者预设之中，也是情理之中的，学生刚刚学习了相遇问题，对相遇问题的数量关系是记忆犹新的，在看似相似的问题中自然想到的是相遇问题，丝毫没有感受到条件的开放，给数量关系带来的变化。看着学生掉入陷阱还沾沾自喜的样子，笔者顺势让学生重读第一个条件，连读三遍，看谁读出什么？第一遍没感觉，第二遍没感觉，第三遍终于有学生有感觉了。"老师，条件中没有说明两车是怎么开出的。""是这样吗？"笔者反问道。读第四遍，哦，学生恍然大悟，的确是这样，条件中没有说明两车到底是怎么开出的。终于读出了感觉，那说明了什么？引导学生多读，自悟条件是开放的。那到底有哪几种可能的情况呢？你能画图表示吗？学生画图，交流，汇报如下：

可能1：甲、乙两车同时从相距720千米的A、B两地相向开出，如下图：

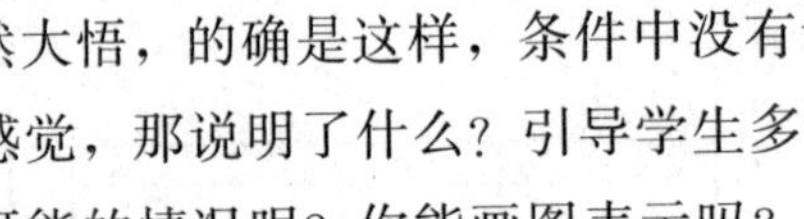

列式：720－(80＋70)×4。

可能2：甲、乙两车同时从相距720千米的A、B两地相背开出，如下图：

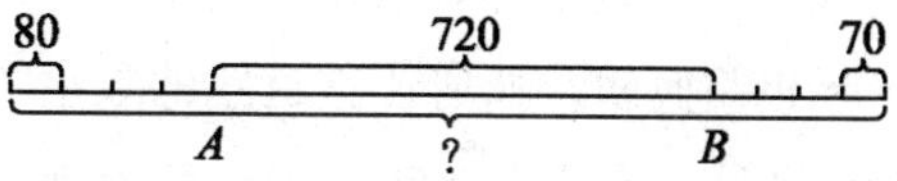

列式：720+(80+70)×4。

可能3：甲、乙两车同时从相距720千米的A、B两地同向开出。有两种可能，可能是甲车追乙车，如下图：

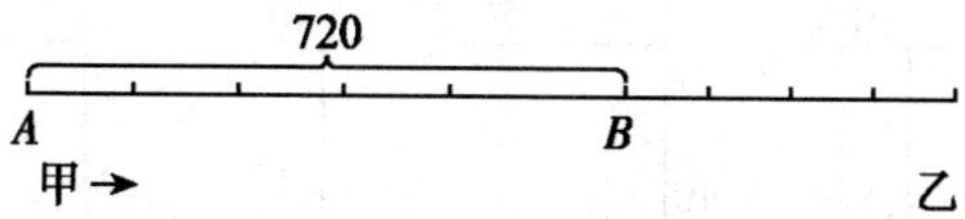

列式：720−(80−70)×4。

可能是乙车追甲车，如下图：

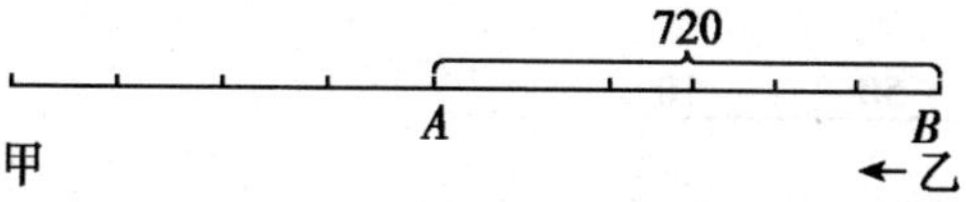

列式：720+(80−70)×4。

在学生熟悉的情境处设陷阱，让学生掉进，重新爬出，旨在让学生明白要读清题中的每一个条件，不能凭印象、感觉分析数量关系，借助几何直观描述和分析各种可能的情况，让数量关系的分析更全面。

（四）几何直观，让数量关系的分析更深入

有些实际问题，单从文字符号上来理解，会仅限于某种数量关系的运用，如果借助几何直观的分析，就会打破原有的数量关系的模式，扩展新的数量关系，让数量关系的分析从表层走向深入，让数学思想从内隐走向明朗。

如题，张庄小学原来有一个长方形操场，长50米，宽40米。扩建校园时，操场的长和宽都增加了10米。操场的面积增加了多少平方米？这是学生在学习了画图策略后的一道练习题，笔者有意把题中的示意图隐去，让学生直接根据文字语言列式。从教学现场收集到的信息，主要存在两种情况，理解能力差的学生，把增加的部分理解为10×10=100（平方米），当然这是错误的；另一种情况是学生根据“现在操场的面积减去原来操场的面积等于操场增加的面积”这一数量关系分析，列式：（50＋10）×（40＋10）－（50×40）＝1000（平方米）。这是一种常规思维，根据的是学生习以为常的数量关系模式：大面积－小面积＝相差面积。如何让这道题的数量关系更深入，把内隐的数学思想凸显化呢？此时，笔者引导学生把示意图画出来，抛给学生一个问题，除了用“大面积－小面积＝相差面积”这个数量关系分析外，请观察示意图，在图上分一分，看一看还可以怎么分析？借助几何直观，学生把增加的部分分解成了两部分或三部分，如下图，得出了多种解法：

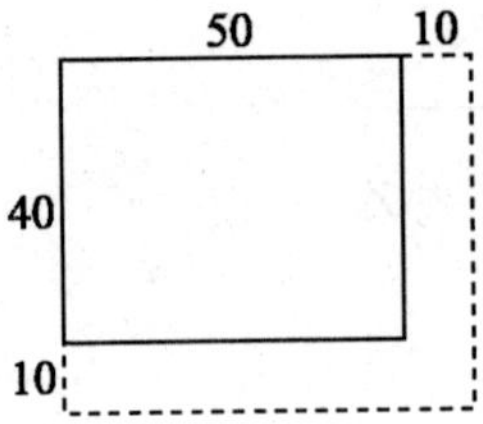

①

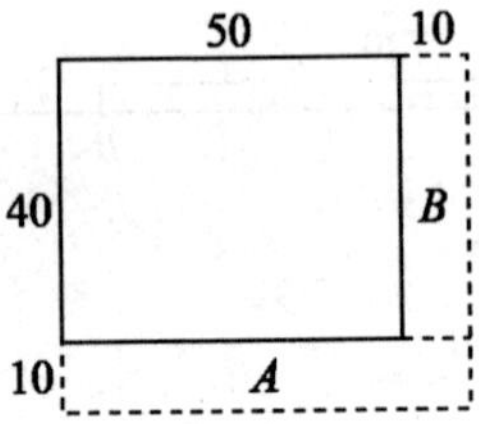

②

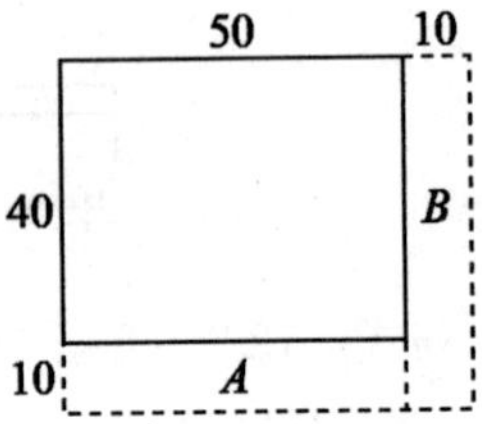

③

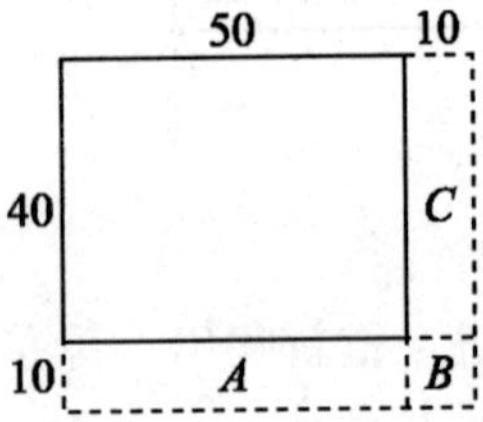

④

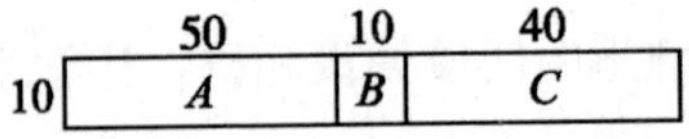

⑤

根据图②，操场增加面积的数量关系是长方形 A 的面积＋长方形 B 的面积，列式：60×10＋40×10＝1000（平方米）。

根据图③，操场增加面积的数量关系是长方形 A 的面积＋长方形 B 的面积，列式：50×10＋50×10＝1000（平方米）。

根据图④，操场增加面积的数量关系是长方形 A 的面积＋正方形 B 的面积＋长方形 C 的面积，列式：50×10＋10×10＋40×10＝1000（平方米）。

根据图⑤，操场增加面积的数量关系是长方形的面积＝长×宽，列式：（50＋10＋40）×10＝1000（平方米）。

这道题的教学，有的教师可能仅限于让学生用“大面积－小面积＝相差面积”这一数量关系进行分析，如果是这样，将错失让学生体验几何直观给分析数量关系带来的魅力。笔者有意让学生经历文字语言到图形语言再到符号语言的过程，体验把不规则图形转化为规则图形进行分析数量关系，把内隐的转化思想赤裸裸地展现在学生面前，把几何直观的魅力发挥得淋漓尽致。

总之，分析数量关系是解决问题重中之重的部分，在面对内隐的、开放的、习以为常的条件中，借助几何直观图形语言的形象性、直观性，为数量关系的分析提供思考的抓手。

三、渗透数学思想，把握教学灵魂

2011年版《数学课程标准》在总目标中明确提出，通过义务教育阶段的数学学习，让学生获得适应社会生活和进一步发展所必需的数学的基础知识、基本技能、基本思想、基本活动经验。其中，基本数学思想是数学教学的灵魂，它犹如隐形的翅膀。教学时，如何系统而有步骤地向学生渗透数学思想方法，把数学思想方法通过学生可以理解的简单形式，采用生动有趣的事例呈现出来，从而把握教学的灵魂，让学生在数学的王国里飞得更高、更远呢？

（一）在教学预设中挖掘数学思想

数学知识、数学思想方法是数学教材体系的两条主线。数学知识是一条写在教材上的明线；数学思想方法是教材编写的指导思想，是一条不是很明确地写在教材中的暗线。前者是教材写什么，后者是明确为什么要这样写。因此，教师在教学预设时，应挖掘隐含在教材中的数学思想方法，并在教学目标中明确地写出渗透哪些数学思想方法，并设计相应的数学活动落实在教学预设的各个环节中，使数学思想方法有机地融合在数学知识的形成过程中，将教材呈现的知识技能这条明线与隐含的思想方法这条暗线相得益彰。如，教学“小数乘整数”时，挖掘知识背后隐含的化归思想，教学目标的定位是让学生通过把小数乘整数化归为整数乘整数，利用知识的迁移作用帮助学生掌握小数乘整数的运算方法，不仅使学生理解算理，感受算法，也感受化归思想对于解决问题的作用。凡事预则立，不预则废。对于数学思想的渗透，教师只有做到胸有成竹，方能在课堂上有的放矢。

（二）在知识形成中体验数学思想

数学思想方法蕴含在数学知识之中，尤其蕴含于数学知识的形成过程中。因此，在学习每一个数学知识时，教师要尽可能提炼出蕴含其中的数学思想方法，即在数学知识产生形成的过程中，让学生充分体会数学思想。

如教学“圆锥体积计算”一课时，可按回忆、类比、猜想、验证等过程让学生充分体验数学思想。①回忆。让学生回忆三角形面积公式的推导过程，目的是使学生明确把三角形化归为平行四边形，化归的方法与其他平面图形的化归方法有所不同，其他平面图形一般是通过切拼化归的，而三角形面积公式来源的化归是把两个完全一样的三角形拼成一个平行四边形的，旨在为学生类比圆锥体积也可以通过等底等高的圆柱体来表征提供逻辑支撑。②类比。在推导立体图形的体积时，也要通过化归，把新的图形化归为已学过的立体图形。那么圆锥能化归为我们已学过的哪个立体图形呢？为学生把圆锥化归为圆柱提供类比思路。③猜想。教师出示等底等高的空心圆柱和圆锥，通过比较让学生明确两者是等底等高的关系，教师把空心圆锥放入圆柱中，引导学生通过空间直觉进行猜想，等底等高的圆柱和圆锥的体积之间有什么关系呢？有的学生说圆锥的体积是圆柱的$\frac{1}{2}$，有的认为是$\frac{1}{3}$或$\frac{1}{4}$。④验证。那么它们之间到底是什么关系呢？怎么来验证呢？老师引导学生进行实验设计，形成实验思想。在空心的圆锥里注满了水，然后把圆锥里的水倒入圆柱中，看看倒几次能倒满，由此可以断定两者体积之间的关系。通过先设想，再组织实验验证，引领学生经历一个由大胆猜想到小心求证，由直觉思维发现到逻辑思维证明的科学家工作过程。

数学思想方法隐于知识背后，学生在经历知识形成的过程中，通过回忆、类比、猜想、验证、概括等活动，体验到知识形成过程中承载的方法、蕴含的思想。久而久之，学生所掌握的知识就变得鲜活、可迁移，学生的数学素养也得到质的飞跃。

（三）在练习达成中应用数学思想

教学中，如果仅满足于学生对数学思想的感悟和体验，还不足以肯定学生已领会了所用的数学思想方法。只有当学生能自觉地将某一思想方法应用于新的情境，能够解决其他有关问题并有所创意时，才能说学生对这一数学思想方法有了较为深刻的认识。如，在学生掌握了长方体、正方体的体积计算之后，为了检验学生是不是能自觉运用化归这一数学思想，可设计题目：要求尝试运用不同的方法计算一块不规则的橡皮泥的体积。学生经过独立思考与合作交流，找到了三种解决方法：①捏成长方体或正方体，先量，再计算；②浸没在长方体或正方体水槽中，先量，再计算上升部分水的体积；③称出橡皮泥的重量，再除以每立方厘米橡皮泥的比重。从以上方案中，便可看出学生对化归思想的运用是主动的、自觉的，借此教师进一步引导学生归纳，使数学思想方法在练习的达成中价值得以凸显。

（四）在梳理反思中领悟数学思想

数学思想方法的获得，一方面要求教师有意识地渗透和训练，但是更多的是要靠学生自身在反思过程中领悟，这一过程是没有人能够代替的。因此，在数学学习过程中，教师要责无旁贷地引导学生自觉检查自己的思维活动，反思自己是怎样发现和解决问题的。如教学“小数乘整数”课尾梳理反思环节。

师：同学们，你们是运用了什么方法学会了小数乘整数的计算方法的?

生：我们是先把小数乘10或100或1000，使小数转化成整数，再运用整数乘整数的方法计算，最后又把所得的积还原相同的倍数。

师：你说得非常好！今天我们就是运用了把新问题化归成已经学过的旧知识，然后来解决新问题的方法。

师：这种思考问题的方法其实我们并不陌生，想一想我们在学习哪些知识时已用到过这样的思考方法?

生：我们在学习两位数乘两位数时，已用到过这种思考方法。

师：对，这种思考问题的方法，数学上叫化归思想，在今后的数学学习中，我们还会经常用上。

课尾梳理反思环节，让学生回顾小数乘整数的计算方法是如何得来的，使学生对化归思想有进一步的感知，接着联系以前的学习体会数学学习中用到的化归思想，并说明今后的学习还会继续用到化归思想。通过梳理反思让学生对数学思想有所认识，由此对数学的理解才会实现由量的积累发展到质的飞跃。

（五）在整理复习中提炼数学思想

数学思想方法随着学生对数学知识的深入理解表现出一定的递进性。在单元复习时，教师要引导学生及时对某种数学思想方法进行概括与提炼，使学生从数学思想方法的高度来把握知识的本质，提升数学的价值。

例如，在复习多边形的面积推导时，引发学生回忆：平行四边形、三角形、梯形的面积计算公式分别是如何推导出来的？它们的推导过程有什么共同点？旨在让学生从中提炼出，推导平行四边形面积计算是应用割补法，把它化归成已学过的长方形来推导；而推导三角形和梯形的面积计算时，是应用两个完全一样的三角形或梯形来拼合化归成已学过的平行四边形来推导。通过回忆、整理、比较，从中提炼化归思想，深化学生对化归思想的理解。

（六）在反复渗透中强化数学思想

小学生对数学思想方法的领会和掌握有一个从具体到抽象，从感性到理性的认知过程，只有在反复的渗透和应用中才能增进理解，促进内化。如，学生对化归思想的领会就需要一个较长的反复认识过程。一年级学习 20 以内的进位加法中的 9、8、7、6 加几的计算，让学生初步体验，利用凑十法都是化归为 10 加几的计算；随后在基本运算中，学生不断体验减法、除法分别是化归成加法、乘法来完成的；乘数是两位数的乘法化归成乘数是一位数的乘法来学习；除数是小数的除法通过商不变性质化归为除数是整数的除法；在分数运算中，异分母分数的加、减法运算是借助于通分化归为同分母分数加、减法；在平面图形求积公式中，借助于化归思想实现了长方形、正方形、平行四边形、三角形、梯形和圆形的面积计算公式间的同化和顺应，从而构建和完善了学生的认知结构；在立体图形公式推导中圆柱体化归为长方体……让学生反复体验化归思想在学习新知、解决问题中的应用价值，最终达到对化归思想的理解。同时，在具体进行教学时，教师应放慢脚步，让学生在充分地感受、不断地体验中感悟化归思想。

思想是数学的灵魂。然而要真正发挥灵魂的作用，仍需教师进一步加强学习，更新观念，促进自身数学素养不断提升；在深入研读教材中，提高思想方法渗透的自觉性，把握渗透的可行性，注重渗透的反复性，让学生的数学思维能力得到切实、有效的发展，进而提高学生的数学素养，让数学教学因数学思想的渗透而更精彩、更深刻。我们守望这样的课堂。

四、积累多角度思考问题的经验探析

数学是思维的体操，道出了数学与思维的关系。课标提出“四基”中的积累基本活动经验，指的是积累学生的思维经验和实践经验。因此，帮助学生积累数学思维经验，是践行课标精神，是我们数学教师义不容辞的责任和义务，也应成为我们数学教师毕生的教学追求。那么如何让数学成为锻炼学生思维的体操呢？结合省教科所立项的“学生学习与创新能力培养”的课题研究，笔者把培养学生的创造性思维作为一个研究内容，在课堂实践中取得了一定的成效。

（一）在多向推理中，积累“一论多探”的思维经验

数学上很多结论都可以通过多种探索路径获得，这是培养学生创造性思维的一个契机。因此，根据学习材料的特点，在学生明确学习任务后，教师要创设和谐的教学情境，鼓励、引导学生从多条路径探索、获取新知识的过程，为学生积累多角度探究新知识的经验，为学生创造性思维的发展孕伏铺垫。

比如，圆的面积计算公式就可以通过多种途径的探索进行推导。笔者在教学这一内容时，以学生多渠道推导圆的面积计算方法为重点。首先做好充分的课前准备，精心安排指导学生把硬纸圆等分剪成十六个小扇形，以备上课使用。其次在探究过程中，引导学生一边自学课本内容，一边把十六个小扇形拼成近似长方形，在观察、比较、分析的基础上，推导出圆的面积计算公式 $S=\pi R^2$。在求同思维的基础上，学生有了拼摆、推导的经验，借助这一经验，笔者趁机激励并抛出具有挑战性的问题：刚才我们通过把圆拼成近似的长方形，推导出了圆的面积计算方法，是不是只有这一拼法呢？能不能拼成已学过的其他平面图形呢？请试试看。一石激起千层浪，这一问打开了学生的思维，有的学生拼成一个近似的大三角形，有的学生拼成一个近似的平行四边形，有的学生拼成一个近似的梯形，分别推导出了圆面积 $S=\pi R^2$。围绕圆面积公式 $S=\pi R^2$，引导学生探究出教材给定的一般方法后，教师适时诱导学生思维发散，从多种图形的拼摆中得出同一个结论，从中感受思考问题要通过多方面分析，用各种不同的方法去解决问题。

（二）在条件联想中，积累“一式多想”的思维经验

联想是创造性思维的重要成分，它是指由一种心理过程而引起与之相联的另一种心理过程的现象。因此，在数学教学中，引导学生积累由眼前的知识联想相关的知识和经验，能有效地帮助学生探索新知，解决新问题，培养思维能力。

分数应用题的教学，笔者就经常借助带有分率的句式，引导学生展开充分的联想。比如，根据“某班男生人数是女生人数的$\frac{4}{3}$”这一句式，教学时就可以诱导学生联想出：女生人数是男生的$\frac{3}{4}$；男生人数比女生人数多$\frac{4}{3}-1=\frac{1}{3}$；女生人数比男生少$(4-3)\div 4=\frac{1}{4}$；男生人数占全班人数的$\frac{4}{7}$；女生人数占全班人数的$\frac{3}{7}$……经常进行这样的联想使学生对整体1的概念和分数中常见的数量关系理解得更深刻，做到做一步、看两步、想到第三步，使知识融会贯通。当学生面对“修一条35千米的公路，已修的是未修的$\frac{3}{4}$，已修多少千米?”这样的问题时，便自觉地产生联想，将“已修的是未修的$\frac{3}{4}$”转化为“已修的是全长的$\frac{3}{7}$”，使问题迎刃而解。

（三）在条件、问题多变中，积累“一题多改”的思维经验

根据知识之间相互联系、相互沟通的原理，引导学生在解决问题的基础上，对原题的关键条件进行变换叙述，使原题变成不同的问题，为学生积累“一题多改”的经验，这是培养学生创造性思维的重要途径。

如题：某厂男、女职工人数的比是5∶4，已知共有职工90人，女职工有多少人？在学生解答后，笔者引导学生把“男、女职工人数的比是5∶4”，这个关键性条件在不改变题意的前提下，换成另一种方法叙述，使原题变成倍数、分数应用题。比如：

1. 某厂有职工90人，其中男职工人数是女职工的$\frac{5}{4}$倍，女职工有多少人?

2. 某厂有职工90人，其中女职工人数是男职工的$\frac{4}{5}$，女职工有多少人?

3. 某厂有职工90人，其中女职工人数比男职工少$\frac{1}{5}$，女职工有多少人?

4. 某厂有职工90人，其中男职工人数比女职工多$\frac{1}{4}$，女职工有多少人?

5. 某厂有职工 90 人，其中女职工占全厂人数的$\frac{4}{9}$，女职工有多少人?

6. 某厂有职工 90 人，其中男职工占全厂人数的$\frac{5}{9}$，女职工有多少人?

7. 某厂有职工 90 人，其中男职工人数比全厂人数少$\frac{4}{9}$，女职工有多少人?

8. 某厂有职工 90 人，其中女职工人数比全厂人数少$\frac{5}{9}$，女职工有多少人?

通过把男、女职工人数的比是 5∶4，在不改变题意的前提下，换成另一种方法叙述，学生编出 8 道题，在改编的过程中，学生体验了比与分数之间是相互联系且可以沟通的，加深对比的应用的理解，又沟通了比与分数之间的联系，发展学生的思维能力。

还有，根据问题让学生编题，也可以激活学生的创造性思维。如，根据问题“四（1）班共有学生多少人?”引导学生编题。受“共”字的影响，多数学生编出了加法或乘法计算的问题，也有的学生的思维摆脱了加法、乘法思路的束缚，想到了减法、除法编题，竟编出类如下面的问题：

1. 四（2）班共有学生 58 人，比四（1）班多 3 人。四（1）班共有多少人?

2. “六一”儿童节，学校发给四（1）班 260 块糖，正好平均每人分得 5 块。四（1）班共有学生多少人?

……

经常进行这样的“一题多改”训练，为学生积累经验，能有效地摆脱学生的定势思维，从而沟通知识之间的联系，拓展学生的思维空间。

（四）在转换表达中，积累“一题多议”的思维经验

“一题多议”有利于学生从多角度理解数学知识，教学中可以通过一些数学问题，引导学生调用已学过的知识、技能或经验，展开讨论，积累经验，培养思维。

为了让学生从不同的角度表述加、减、乘、除算式的意义，常给出一个算式，让学生表述。如，16－9，学生能从 10 个不同角度表述意义，整理

如下：

①16减去9等于几？②16减去9还剩多少？③16与9相差是多少？④9与什么数的和是16？⑤16比9多多少？⑥8比16少多少？⑦16减去什么等于9？⑧9加上什么数等于16？⑨9加上什么数与16一样多？⑩16拿去多少与9同样多？

当一个算式在学生的眼中变得这么丰满时，学数学对学生来说是十分有趣的一件事。一个算式被看活，既需要学生的发散思维，又需要学生的数学语言表达能力。

又如，对于 a^2 与 $2a$ 的大小比较，可让学生说说是怎样比较的。有的学生说，当 $a=2$ 或 0 时，$a^2=2a$；有的学生说，当 $a<2$ 时，$a^2<2a$；有的学生说，当 $a>2$ 时，$a^2>2a$。在比较 a^2 与 $2a$ 大小的过程中，学生的思维从单一向全面转化，经历了思考问题要全面的过程，积累了“一题多议”的经验。

（五）在联想条件提问题中，积累“一题多问”的思维经验

根据给定的条件，让学生提问题，有利于培养学生综合、分析的能力，即能看到两个条件联想相应的问题。

笔者教学“甲、乙两个工程队合修一条长1500米的水渠，已知甲、乙两队修的工作量比是3∶2”这道题时，特地隐去问题，让学生根据这些条件提出如下问题：

1. 甲队修了多少米？
2. 乙队修了多少米？
3. 甲队比乙队多修多少米？
4. 甲队修的占全长的百分之几？
5. 乙队修的占全长的百分之几？
6. 甲队比乙队多修百分之几？
7. 乙队比甲队少修百分之几？

……

“一题多问”改变了学生根据条件直接解题的局限性，起到了以一当十的效果，有效地训练让学生从多个条件想问题，盘活思维，开阔思路。

（六）在转化角度中，积累“一题多解”的思维经验

“一题多解”能引发学生从不同的路径去思考，积累“一题多解”的经

验，有利于学生的思维向不同的角度延伸，对于创造性思维的培养有极大的帮助。

比如，笔者教学“笑笑有科技书和文学书共120本，其中科技书的本数是文学书的$\frac{2}{3}$，科技书和文学书各有多少本?”引导学生从不同的角度思考，得到了多种解法。

1. 从单位“1”的角度思考

(1) 以文学书为单位“1”，文学书有$120\div\left(1+\frac{2}{3}\right)=72$（本），科技书有$120-72=48$（本）。

(2) 以科技书为单位“1”，科技书有$120\div\left(1+\frac{3}{2}\right)=48$（本），文学书有$120-48=72$（本）。

(3) 以两种书的总本数120为单位“1”，文学书有$120\times\frac{3}{5}=72$（本），科技书有$120-72=48$（本）。

2. 从份数的角度思考

根据“科技书的本数是文学书的$\frac{2}{3}$”，把文学书的本数看成3份，科技书的本数相当于这样的2份，两种书的本数一共有$2+3=5$（份）。

(1) 用归一法解

文学书有$120\div5\times3=72$（本），科技书有$120-72=48$（本）。

(2) 用按比例分配解

文学书有$120\times\frac{3}{5}=72$（本），科技书有$120-72=48$（本）。

3. 从方程的角度思考

解：设文学书有x本，科技书有$\frac{2}{3}x$本，根据题意列方程得：$x+\frac{2}{3}x=120$，解得$x=72$，即文学书有72本，科技书有$120-72=48$（本）。

从上题的三种角度思考得出的多种解法中可以看出，“一题多解”是发展学生逻辑思维能力，培养学生思维的多向性与创造性的有效方式。多解让思维发散，更在于引导学生找出合理、新颖、独特的最佳解法，从而激发求知欲，沟通各部分知识的联系，形成知识结构网络。

（七）在改变条件、问题中，积累“一题多变”的思维经验

“一题多变”让学生经历了题中条件、问题、情节的变化，体验了条件与条件、条件与问题、情节与情节之间的关系，有利于学生透过现象看本质。

1. 改变条件

［案例］师徒两人共同加工一批零件，师傅每小时加工 8 个，徒弟每小时加工 5 个，__________。这批零件有多少个？

①两人合做 20 小时完成任务

②两人合做 20 小时还剩下 80 个

③两人合做 20 小时还剩这批零件的$\frac{1}{4}$

④两人合做 20 小时，超额完成了 80 个

⑤两人合做 20 小时，超额完成了 13%

……

2. 改变问题

［案例］笑笑看一本 200 页的课外读物，第一次看了全书的 25%，第二次看了全书的$\frac{1}{5}$。__________？

①第一次看了多少页

②第二次看了多少页

③两次一共看了多少页

④第二次比第一次少看多少页

⑤还剩下几分之几没看

⑥还剩下多少页

⑦第一次看的是第二次的几倍

……

如上所述，从多角度训练是培养创造性思维的主要形式，在教学中应适时加以训练，让学生积累多角度思考的经验。辩证法告诉我们，凡事都讲究个度，多角度训练也不例外。在思维多角度发散的进程中，仍离不开集中思维的配合，离不开严谨的分析、合乎逻辑的推理；在发散的多种途径、方法中，也离不开比较判断。因此，有人是这样评价发散思维与集中思维的：思

维的发散与集中犹如鸟之双翼。

总之，培养学生的创造性思维，是我们身为人师的教学目标，努力实现这一目标，是我们的教学追求。因此，结合教学内容，适时地对学生进行多角度训练，积累多角度思考的经验，是实现培养学生创造性思维这一目标的一个重要渠道。我的课堂我做主，让培养学生的创造性思维，成为课堂的主旋律，合奏出创新之声。

第三节 以问题为引领

问题是数学的心脏，是学生思维进阶的助推器。北京师范大学陈则航和王蔷两位教授一致认为：有效的问题不仅可以激发和保持学生的学习兴趣，激活学生的思维，引导学生关注学习内容，使用特定的语言结构，还能够培养学生分析问题、解决问题的能力以及逻辑思维能力、想象力和创造力。指向“为思维而教”的数学教学，注重问题导学：从教师的教学设计层面注重设计推理性、解释性、假设性、批判性、创新性等高阶问题，引领学生的思维从低阶跨向高阶；从学生学习的层面注重学生发现问题、提出问题的培养，以问促思，培养学生的质疑精神。

一、基于深度学习的问题指向

深度学习的基本特征之一是深度思维，要让学生积极思考，思维活跃，善于思考，思维深刻，离不开问题的导引。问题是数学的心脏，是启学引思、导学引教的有效载体。深度学习的课堂教学样态，正是以一个个问题为学习支点导引学生卷入学习。本文以笔者指导的“求两数相差多少的解决问题”一课教学为例，谈谈设计指向开放性、挑战性、探索性的“高阶思维问题”，以此驱动学生积极探究和深度思考、层层深入，并引导课堂学习的走向和思维活动的深入，从而帮助学生有效建构知识、发展能力、积淀经验、感悟思想。

（一）指向数学问题的发现处

发现问题、提出问题是 2011 年版课标新增的，是“四能”中关键的两能。提出一个问题，比解决一个问题更重要，爱因斯坦的至理名言告诉我们，发现问题、提出问题的重要性。因此，从低年级开始，教师的问题要指向学生发现问题、提出问题处，把发现问题、提出问题的理念落实到教学中去，从而培养学生发现问题、提出问题的能力。

教师出示例题的情境图，如下：

设问：你能根据情境图中小明和小红的对话，发现并提出一个数学问题吗？学生通过观察情境图中两人的对话，发现隐含着加法和减法的问题，分别提出了加法、减法问题：小明和小红一共抓了多少个花片？小明比小红多抓了多少个花片？学生口头解答已学过的加法问题，研究减法问题。从情境图中让学生观察发现问题，并提出数学问题，不仅有利于激发学生的学习兴趣，解答自己或同学提出的问题，让学生感受问题就在身边，亲切感油然而生，还有利于培养学生的问题意识，从数据中发现、提出问题。

（二）指向数学思想的感悟处

数学思想是 2011 年版课标新增的，是“四基”中最需要感悟的一基，是数学教学的灵魂。因此，深度学习的问题要指向学生对数学思想的感悟，让数学思想浸润学生的心田。在学生提出问题：小明比小红多抓了多少个花片后，教师不是急于让学生列式，而是把问题指向一一对应数学思想处，谁能通过排一排的方法让小朋友们一眼就能看出来，小明比小红多抓了多少个吗？收集学生作品中无规律的和一一对应的摆法展示（图略），并设问：这两种摆法，哪一种能让人一眼就看出小明比小红多抓多少个花片？为什么能？让学生在比对中发现，无规律的摆法不容易看出来，而从头开始，一个对着一个摆，很容易看出多的部分。教师顺势指出：这种摆法在数学上我们叫它一一对应，一一对应思想得以感悟。求小明比小红多抓多少个花片，就是求（　　）比（　　）多多少？求 15 比 8 多多少？转化成算式，怎么列式？通过问题的追问，让学生感悟转化思想。在拓展练习环节设计选择题：下面（　　）

道题，不能根据 30－20 列式。A. 蝴蝶标本有 30 个，蜻蜓标本有 20 个，蝴蝶标本比蜻蜓标本多多少个？B. 飞机场一共有 30 架飞机，飞走了 20 架，还剩下多少架？C. 体育室里有 30 个排球，借走了一些后，还剩下 20 个，借走了多少个？D. 王大妈养了 20 只鸡，30 只鸭，王大妈一共养了多少只鸡和鸭？在学生选择后，设问为什么 A、B、C 三道题都可以用 30－20 列式，让学生发现 3 道题虽然情节不一样，可它们讲的道理都是一样的，都是求 30 比 20 多多少的问题，由此感悟 30－20 这个减法算式的模型思想。

（三）指向思维方法的培养处

数学思维的基本方法有分析、综合、比较等，这些思维方法的训练，要借助具体的问题解决得以实施、落实。如下题：

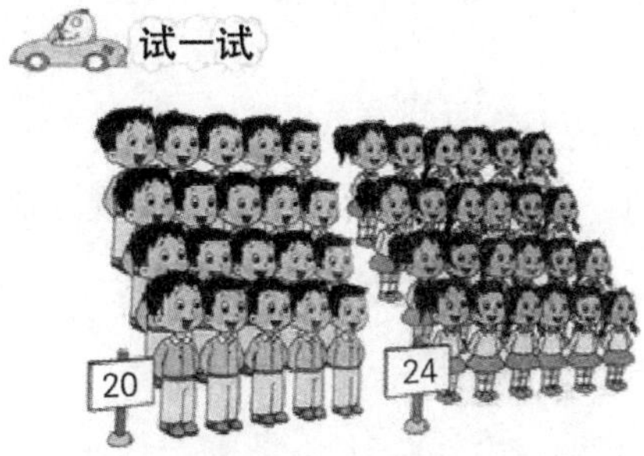

当学生提出问题：男生人数比女生少多少人？并列出算式 24－20 后，教师把问题指向培养学生思维方法处，你是根据哪句话来列式的？让学生明白要根据问题“男生人数比女生少多少人？”这句话来思考，这一问把学生的思维指向了从问题处想起的分析法，训练学生根据问题选择条件的可行性，有效避免部分学生盲目凑数列式的现象。因此，从一年级起，通过设计指向思维方法的问题，有意识地培养学生根据条件想问题和根据问题想方法的良好思维习惯。

（四）指向错误思维的彰显处

在新知的学习中，错误是不可避免的，这是非常正常的现象。错误正是暴露了学生学习中存在的问题，是很好的教学再生资源，利用好这一资源，对完善学生的认知结构是非常有帮助的，因此，要善于抓住学生学习中出现的可利用的错误资源，通过问题的追问，变废为宝。如下题：

学生提出问题：小熊比小猴少摘玉米多少个？面对学生中出现的错误列式：53＋30，30＋23，教师不否定其错误，而是抓住这一错误资源，针对算式设问：53＋30 求的是什么？30＋23 求的是什么？是不是我们要求的问题？如果这样列式，问题是求什么？在师生互动交流中，在问题的深化追问中，错误资源的可利用价值得以彰显，学生感受要根据所求的问题来列式，才是解决问题的硬道理。

（五）指向新旧知识的对比处

有对比，才有区别。不比不知道，一比吓一跳。这些有关比较的俗语，无不传递着比一比的重要性。或在易混知识处比一比，或在新旧知识处比一比，或在对错处比一比等。如下题：

（1）学校买来 21 台和 16 台，一共买来多少台电风扇？

（2）学校买来和一共 37 台。有 21 台，有多少台？

学生列出了两道题的算式后，设问：为什么第一题用加法列式？第二题用减法列式？你是怎么想的？请说说你的道理。问题指向加法与减法的对比，让学生从所求的问题处寻理由，积累从问题思考的经验，有利于学生加深对加法和减法意义的理解。

（六）指向学习过程的反思处

2011 年版课标提出，要培养学生的反思意识。反思是学生思维从表层走向深层的必经之路，是重要的突破口。因此，反思成了教学环节中不可或缺的一环，或反思学生新知的过程，或反思解决问题的过程，或反思错误资源的利用等。在反思环节，教师把这节课练习的解决问题出示在课件上，让学生观察，并设问：这些问题有什么共同点？用什么方法解决？你是如何学会的？设问直指解决问题的共同本质，通过反思学习过程，学生由零散的解题到整体的观察，发现原来这些问题都是求一个数比另一个数多或少多少的问题，用减法列式，要根据问题想方法，求两个数的和用加法，求部分数用减法。问题指向学习过程的反思处，让深度学习得以发生，让反思意识得以培养，帮助学生积累思考问题的经验，培养学生透过现象看本质的慧眼。

总之，问题是引发学生深度学习的导火索。要让深度学习得以真正发生，就要设计高质量的问题，把学生的思维从表层逐步引入深处。问题的设计指向要因课而异，概念教学重点指向概念本质的辨析处，计算教学重点指向算法的优化处、算理的理解处，图形公式的教学重点指向公式的推导处等。正如叶圣陶先生所云，发明千千万，起点是一问，智者问得巧，愚者问得笨……让我们做一个问得巧的智者，引领学生也做一个问得巧的智者。

二、培养学生问题意识“四部曲”

问题是思维的起点，是思维的方向，是思维的动力，更是创新的起点；问题意识是创新意识的根基，有了问题意识，创新意识才有了源头活水，创新能力的培养才有了源源不断的不竭动力。在省级课题“学生学习与创新能力培养”的研究中，我把培养学生的问题意识作为一个研究点，且研且思，取得了一定成效。

（一）从课题中引发学生的问题意识

小学数学新授课的课题，浓缩了一节课的主要内容。因此，让学生根据课题来提问题，是完全可行的、必要的，是培养学生问题意识的一个好契机。它不仅让学生在课始就知道要研究的内容，明确学习的目标，更重要的是在这一过程中，引发学生的问题意识，即看到一个课题，能自觉地从这个课题中去思考跟这个课题有关的问题。比如，教学苏教版四年级上册“认识垂线”一课，出示课题后，教师顺势提问，同学们，谁能透过这个课题猜猜这节课我们要研究什么问题？只见学生思索片刻，纷纷举手，有的说，课题是认识垂线，我的问题是什么是垂线？有的说，学习垂线有什么作用？有的说，怎样画垂线？教师相机板书学生的问题，并适当给予评价。整节课就围绕学生提出的三个问题展开探究。良好的开端是成功的一半。本来是老师给学生的问题，变成了学生自己提出的问题，问题来自于学生与来自于老师，是两种完全不同的学习心态。正是在这种良好心态的驱使下，学生的探究欲望特别强烈。课题提问，既引发了问题意识，又培养了探究乐趣，何乐而不为呢？

（二）在探究中催发学生的问题意识

经历知识的探究过程，并在这一过程中不断催发学生的问题意识，这是2011年版课标的理念，更是我们一线教师落实培养学生问题意识、创新意识的一个目标。因此，我们不仅要引领学生经历知识的建构过程，更要注重在这一过程中把培养学生发现问题、提出问题的能力落实到位。比如，教学苏教版四年级上册“商不变规律”。

[例题] 先按要求算一算，填一填，再比较算出的结果。

被除数	除数	除法算式	商
100	20	100÷20	5
100×2	20×2	200÷40	
100×4	20×4		
100÷2	20÷2		
100÷4	20÷4		

学生按要求填写完表格，交流后，教师组织学生观察填好的表格，并引发学生思考：被除数和除数是怎样变化的？商呢？你有什么发现？当学生说出被除数和除数同时乘或除以同一个数，商不变的发现时，教师趁机追问：对于这个发现你们有什么问题吗？同桌互相交流。以此催发学生的问题意识。有的说，我们仅凭四道算式就得出这样的发现，是不是所有的除法算式都适用呢？教师当即评价道：你们真善于思考、发现问题并提出问题。是呀，正如这个同学所说的，是不是对所有的除法算式都适用呢？我们该如何解决这个问题呢？教师又把问题抛给了学生。有的说，可以通过举例子来说明。那好，我们就举例子吧。学生们又埋头算起来，教师借机巡视。不一会儿，小手举起来了，有的举30÷6=5，30×2除以6×2，商还是5；有的举80÷20=4，80÷4除以20÷4，商还是4……那说明这个发现是有道理的，我们把它读一读。正当学生认为功德圆满时，教师又借机挑战道，我总觉得这个结论还是有问题，谁能帮助老师把这个问题找出来呢？一石激起千层浪，教师的质疑又激起了学生的思维涟漪，学生们又一次把思维的目标聚集在结论的研

讨上。相信学生的智慧，只是需要耐心的等待。奇迹来了，有学生指出了结论中的问题：被除数和除数同时乘或除以一个相同的数，这个相同的数不能是0，如果是0，商就变了；还有的认为，因为除数不能是0，所以这个相同的数不能是0，这个结论要加以限制。教室里响起了热烈的掌声。

在探究商不变规律时，教师在两个地方设疑，催发了学生的问题意识，不仅使学生经历了规律的形成过程，更是在这一过程中学生的思维处于平衡、不平衡、平衡、不平衡的思考状态，激发了他们思考的兴趣，催生了问题意识。

（三）在练习中生发学生的问题意识

练习是学生巩固知识、培养技能、发展能力的有效载体，也是生发学生问题意识的有效载体。因此，教师要抓住习题的功能，让习题承载着培养学生问题意识的功能得以凸显、放大、落实。比如苏教版四年级上册练习四第13题：甲、乙两地之间的公路长336千米。自行车每小时行14千米，中巴车每小时行56千米，摩托车每小时行42千米，小轿车每小时行84千米。1. 使用上面的交通工具，从甲地到乙地各需要多少小时？2. 你还能提出哪些用除法计算的问题？这道题如果仅让学生逐一完成两个问题，反馈答案，那么习题的功能将被弱化，生发学生的问题意识将擦肩而过。如何利用这道题生发学生的问题意识呢？笔者是这样处理的，把学生说的算式逐一板书在黑板上：

自行车	336÷14=24（小时）
摩托车	336÷42=8（小时）
中巴车	336÷56=6（小时）
小轿车	336÷84=4（小时）

然后组织学生观察这四个除法算式，并故设疑问：不要小看这四道除数算式，它们身上隐藏着有趣的数学问题，你们能帮助老师找找到底是什么数学问题吗？教师一投石，学生的思维就起浪。有的说，我发现了336不变，除数14到42扩大了3倍，商24到8缩小了3倍，多好的发现呀。学生们七嘴八舌地说开了：被除数不变，除数乘或除以几，商反而除以或乘几；路程不变，速度乘或除以几，时间反而除以或乘几。学生的发现完全让我惊呆，

没想到四年级上学期的学生竟能将发现的结论归纳概括得如此完整。我欣慰学生发现问题、归纳结论的能力，借此，我步步紧逼：只根据这四个算式发现的结论，你们有什么问题吗？有学生说，是不是所有的除法算式都有这么一个规律呢？是呀，感谢这个同学的问题，带着这个问题，我们继续上路吧！

利用这道习题速度之间的倍数关系，借助具体的除法算式，组织学生观察、分析，生发学生发现问题、提出问题，充分发挥了习题所蕴含的发展功能，这不仅需要教师的理念，更需要教师的教学智慧。

除了利用教材的习题外，教师还可以设计一些能生发问题意识的习题，让学生经历这一过程，积累经验。比如，在学生学习了利用商不变的规律进行简便计算后，我设计了一组拆数简算的家庭作业：

800÷16　　360÷24　　630÷45　　450÷54

并附上两个问题：通过解决这四道试题，你有什么发现？你想提什么问题？第二天课上交流：有的说，我发现了除数是两位数的除法可以拆成两个一位数进行口算，是不是所有的除数是两位数的除法都可以拆成两个一位数进行口算？比如：444÷12=444÷4÷3=111÷3=37；540÷63=540÷9÷7=60÷7=8……4，都能说明这个问题。我正为学生掉入陷阱而暗暗高兴，另一学生却说，老师我不同意他的说法，比如450÷54用拆数算的结果是8……2，我用列竖式算的结果是8……18，两个结果商一样，余数不一样，也就是说有余数的除法不能拆数口算。那刚才这位同学举的540÷63能用拆数简算吗？为什么不能？你有什么补充？经过一番思辨、举例子。学生们终于弄明白了有余数的除法不宜用拆数的方法进行口算的真正原因。知其然而知其所以然。学生们只有经历、积累了这样一个发现问题、提出问题、思辨问题的过程，他们的问题意识才会逐渐萌芽，数学素养才会得到积淀。

（四）在反思中激发学生的问题意识

一节课的结尾我们常引导学生反思这节课我们学会了什么？你是怎么学会的？有什么疑问？此时除了从知识、学法的角度进行反思外，更重要的反思是你有什么疑问？把问号留给学生，让学生带着问题离开课堂。比如，苏教版四年级上册“角的分类和画法”，课尾学生反思了所学内容后，教师设疑：对于角的分类，你们还有什么疑问吗？相信学生，静待片刻，学生会给你精彩。有学生提出：有0度角吗？大于180度，小于360度的角叫什么角？

多好、多有价值的问题，带着这两个问题，学生们又开始了他们的探索之旅。

总之，培养学生的问题意识，是培养学生创新精神和实践能力的重要基础。这是时代赋予我们的责任，所以我们一定要更新观念，以培养学生的问题意识为己任，让问题意识在学生的心田生根、发芽、开花、结果。

第四节 以思考为主线

数学思考是过程与方法中的目标之一，是课标非常关注的思维培育目标。数学思考是一种思维方式，是指学生在面临不同的现实问题情境时，能从数学的角度去思考问题，自觉地应用所学的知识、方法、思想、观念去分析、发现其中隐含的数学现象和规律，并能应用数学的知识技能、思想方法去解决问题。它是数学教学的基础和核心，是数学教学中最有价值的行为，是数学教学的生命之所在。

指向“为思维而教”的数学教学，注重以数学思考为主线，贯穿课的始终，并延展至课外，培养学生的数学思考力。指向“为思维而教”的数学教学，注重以深度教学促进学生的深度学习，以此促发学生的思维由低级向高阶自然进阶。根据布鲁姆的教学目标分类，记忆、理解、应用属于低阶思维，分析、评价、创造属于高阶思维。学生不经过思维，教师直接告知结论、学生记忆结论、单调重复地机械练习、无需经过思考的一问一答等都属于低阶思维，如果是学生在教师或书本或自己的引导下主动去探寻问题、进而发现问题、提出问题、解决问题、反思问题等都属于高阶思维。低阶思维是学生迈向高阶思维的基础和前提，但如果仅止步低阶思维，它是不会自觉走向高阶思维的，因此，为了促发学生的低阶思维向高阶思维发展，教师就要在学生低阶思维的基础上，开展富有探索性、批判性、创造性的深度学习。深度学习是学生思维进阶的重要学习方式，而深度学习的发生离不开教师的深度教学，深度教学是推动学生思维进阶的有效媒介。而推动深度思维发生的抓手便是问题导学，通过创设推理性、解释性、假设性、批判性、创新性等高阶问题，引导学生的深度学习。

一、注重追根溯源，促发学生的思维由表及里

数学知识的本质是指数学概念、公式、法则、结论等数学知识的根本属

性，反映了数学知识的本真意义，它不仅表现为隐藏在数学知识背后的本质属性，还表现为统摄这个数学知识的数学思想方法。美国数学家赫斯说："问题不在于教学的最好方式是什么，而在于数学到底是什么，如果不正视数学的本质问题，便永远解决不了教学的争议。"因此，教师在教学中要注重通过问题的多层追问引领学生追溯知识的本质和内核，促发学生的数学思维由表及里不断深入。

例如，教学三年级小数的大小比较，教师出示情境：一根雪糕 0.8 元，一根冰棍 0.6 元。教师设问，根据这两个条件，你能提出什么数学问题？教师把学生的问题聚焦于大小比较上，一根雪糕贵还是冰棒贵？引出比较 0.8 元和 0.6 元的大小。学生借助生活经验判断 0.8 元毫无疑问大于 0.6 元，如果教学仅止步于此，那就是属于低阶思维。"为思维而教"要促发学生的思维深度发生，教师追问，你能说说 0.8 元大于 0.6 元的道理吗？这一问追根溯源，触及知识的本质。一石激起千层浪，有的学生把元化为角进行比较；有的学生把小数化为分数进行比较；有的学生把小数化为示意图进行比较；有的学生从包含小数的计数单位的多少进行比较。在比较的基础上，教师追问，前 3 种比较方法有什么共同点？指向转化思想和数形结合思想的感悟。最后一种方法是根据什么来比大小的？指向小数是由计数单位累加而成的本质。"为思维而教"的数学教学，不仅让学生知其然，更注重让学生知其所以然，由表及里，助推学生的思维由低阶向高阶发展。

二、注重完善结构，促发学生的思维由点到面

瑞士儿童心理学家皮亚杰认为：随着学习者的知识越来越多，就应该让他们认清所学知识之间的联系，主动构建认知图式，实现他们的思维由点一线一面辐射式发展。如，教学异分母分数，在梳理反思环节，教师设问：计算异分母分数相加减为什么要通分？化异为同，实现学生思维点状的提升；计算整数、小数相加减与计算异分母分数相加减，有什么相同点？相同数位才能相加减，达到了学生思维"线"的串通；最后追问：计算整数、小数、分数相加减，其共同点是什么？指向计算的本质，计算是计数单位的累加或相减，实现了学生思维"面"上的延展。教师通过问题引领促发学生的思维从"点"连向"线"铺向"面"，不断完善学生的认知结构。

三、注重反思质疑，促发学生的思维由浅入深

亚里士多德说：“思维是从疑问和惊讶开始的。”“为思维而教”的数学教学，注重反思质疑能力的培养，为学生思维的发展提供契机。如，教学加法交换律，在反思环节，教师设问：结合学习过程，说说我们是如何获得加法交换律的？以问题引领学生反思学习过程，体验猜想验证的学习方法。学习了加法交换律，你能联想到什么数学问题？引发学生类比猜想，减法、乘法、除法是否也有交换律，并举例验证，积累猜想验证的学习方法。通过反思学习过程，体验质疑、类比的学习方法，促发学生的思维由浅入深。

四、注重求异创新，促发学生的思维由窄变宽

求异是创新的基础，创新是民族进步的不竭动力，是人才培养的重要标尺。创造是高阶思维的最高水平，创新意识是课标提出的十大核心词之一。小学是培养学生创新意识的重要时期，教师在教学中要有意识地鼓励学生应用多种方法解决问题，培养学生的创新意识。如，教学圆的面积计算公式的推导。在学生把圆转化成与它面积相等的近似长方形推出圆的面积公式后，教师没有止步于学生的求同思维，而是鼓励学生求异创新，设问：还可以把圆转化成哪些图形来推导它的面积？有的学生把圆转化成三角形；有的学生把圆转化成梯形；有的学生把圆平均分成 32 等分，先求出其中一份近似三角形的面积，再求 32 份的面积。学生在求异思维的驱动下，思维由单一走向多元，思路由窄变宽，创新意识得以培养。

五、注重理性判断，促发学生的思维由低升高

数学是理性的学科，培养学生的理性精神是数学思维教学的目标，批判性思维是高阶思维之一。因此，“为思维而教”注重学生的理性判断。如，教学列方程解决问题：笑笑的故事书本数是淘气故事书本数的 1.2 倍，笑笑给淘气 10 本后，两人的故事书本数一样多。笑笑和淘气原来各有多少本故事书？有的学生列出方程：$1.2x-x=10$；有的学生列出方程：$1.2x-x=20$。面对学生的两种解法，教师不做评价，而是组织学生理性判断，哪种解法是正确的？请说明理由。有的学生根据情节发展变化，列出原生态方程：$1.2x$

$-10=x+10$，进行说理，促发学生的思维由低升高。

第五节　以练习为指向

数学不是听会的，而是在练习中感悟会的。练习承载着巩固、反馈、发展、教育等多重功能。指向“为思维而教”的数学教学，注重练习的设计，通过指向有深度思维的练习，培养学生的思维品质，涵养学生的思维素养。

一、基于思维素养观照下的练习指向

思维素养是核心素养的重要组成部分，它集思维方法、思维品质、思维习惯于一体。练习是高思维含量的课不可或缺的环节，在核心素养背景下的练习教学，也要与时俱进，彰显出其应有的练习姿态。从数学学科本质来看，学生思维素养的提升，应该是练习设计的理性指向。因此，围绕思维素养的培育视角，去观照练习指向，应成为练习设计的一把标尺。下文以笔者指导市名师培养对象跟岗时执教的示范课“列方程解决问题的练习”为例，谈谈基于思维素养观照下的练习指向。

（一）指向学生对知识方法的梳理

练习教学的一大功能是对所学知识、方法、策略的梳理。一般的方式有先理后练、边理边练或边练边理、先练后理。列方程解决问题的练习可采用先理后练、边练边理的方式，指向学生对列方程解决问题的步骤，建立等量关系方法的梳理。

1. 指向梳理列方程解决问题的步骤

练习 1：笑笑比淘气多 10 本课外书，笑笑课外书的本数是淘气的 1.2 倍。笑笑和淘气分别有多少本故事书？要求：列方程解，并思考列方程解决问题的步骤。练习后，针对学生的解题过程，回顾交流：列方程解决问题一般要经过哪几个步骤？

这一练，练在学生对列方程解决问题步骤的掌握情况。审题，弄清条件和问题，设未知数为 x；寻找含有等量关系的条件，确定等量关系；把等量关系转化为方程；解方程；验算写答。没有规矩，不成方圆。列方程解决问题的步骤就是解题的规矩，要让学生在解题中养成这个规矩，并按审、找、

化、解、验、答这个规矩行事，积淀列方程解决问题的经验，提高列方程解决问题的能力。

2．指向梳理建立等量关系的方法

练习 2：看条件联想数量关系。

（1）鹅和鸭一共有 120 只；（2）买书找回 5 元；（3）一个长方形的周长是 12 厘米；（4）A、B 两车经过 2.5 小时相遇；（5）数 a 比数 b 的 1.2 倍少 2。

建立等量关系是列方程解决问题的关键环节，有别于用算术法解决问题。笔者采用先练后理的方式，通过设计看条件联想数量关系，意在培养学生看到“一共”“找回”“周长”“比……多（少）”等关键词，联想相应的等量关系。同时借助联想练习让学生梳理找等量关系的基本方法：根据基本的数量关系、常见的数量关系、公式、事情发展的顺序等。

（二）指向学生对数学思想的感悟

练习 3：看图列方程。

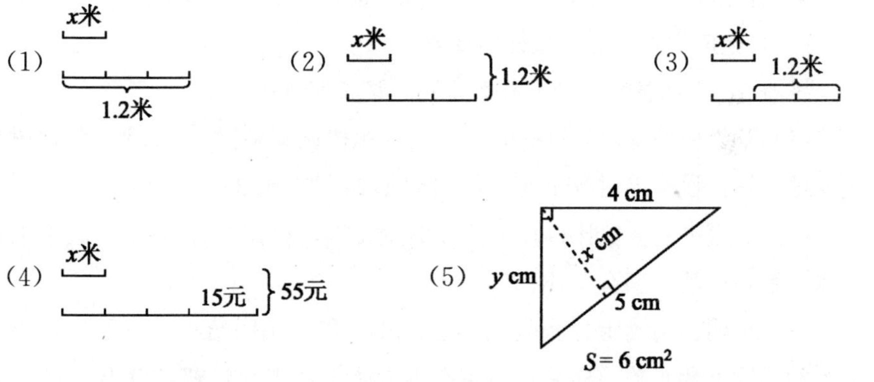

对数学思想的感悟，是 2011 年版课标的一大亮点。列方程解决问题要让学生感悟一一对应思想和模型思想。在学生列出方程 $3x=1.2$，$4x=1.2$，$2x=1.2$，$4x+15=55$，$5x\div2=6$，$4y\div2=6$ 后，设问：同样是 1.2 米，为什么所列的方程不一样？55 元所对应的是多少？三角形中，底 5 厘米与谁对应？高 4 厘米与谁对应？让学生在比较中发现这是由于 1.2 米所对应的份数不一样；55 元所对应的包括 4 份和 15 元两部分；图形中的底与高要对应，从中感悟一一对应思想。

练习 4：下面（　　）道题，不能用方程 $4x+6x=400$ 解答。

A. 笑笑和欢欢沿着 400 米的环形跑道练习跑步，她俩同时从同一地点出发，相背而行，笑笑每秒跑 6 米，欢欢每秒跑 4 米。经过多少秒两人第一次相遇？解：设经过 x 秒两人第一次相遇。

B. 笑笑和欢欢沿着 400 米的环形跑道练习跑步，她俩同时从同一地点出发，同向而行，笑笑每秒跑 6 米，欢欢每秒跑 4 米。经过多少秒笑笑第一次追上欢欢？解：设经过 x 秒笑笑第一次追上欢欢。

C. 笑笑和欢欢同时从相距 400 米的两地相向而行，笑笑每秒跑 6 米，欢欢每秒跑 4 米。经过多少秒两人相遇？解：设经过 x 秒两人相遇。

D. 笑笑和欢欢要完成 400 个汉字的书写任务，笑笑每天写 6 个，欢欢每天写 4 个。经过多少天两人完成书写任务。解：设经过 x 天两人完成书写任务。

学生选择后，设问：为什么 A、D、C 三题都可以用 $4x+6x=400$ 列方程？旨在让学生在比较中领会方程 $4x+6x=400$ 这个模型，可以表达现实世界中不同情节但同一内涵的事物，感悟模型思想在数学中的应用。

（三）指向学生对思维过程的反思

练习 5：下面各题的列方程有错吗？请说明理由。

（1）苹果树的棵数是桃树的 1.2 倍，桃树比苹果树少 10 棵。两种树各有多少棵？解：设苹果树有 x 棵，桃树有 $1.2x$ 棵。$1.2x-x=10$。

（2）故事书的本数比科技书的 2 倍少 4 本，科技书有 20 本。故事书有多少本？解：设故事书有 x 本。$2x-4=20$。

（3）小明的阅读卡片张数是小东的 1.5 倍，小明给小东 5 张后，小明和小东的阅读卡片张数一样多。小明有多少张阅读卡片？解：设小东有 x 张阅读卡片。$1.5x-x=5+5$。

让学生的思维看得见，就要充分暴露学生的思维，练习就要指向学生思维过程的展示，说理练习有利于学生充分地表达，外化思维。第 1 小题错在设未知数上，让学生反思列方程解决问题设未知数是非常重要的；第 2 小题针对一倍数已知，学生还盲目列方程的误区进行反思；第 3 小题针对相差数的辨析进行反思。三小题都是针对学生易错点设计，让学生在辨析中充分外化其思维过程，反思列方程解决问题应该注意的要点：一要注意设未知数，设的未知数与所列的方程要对应；二要注意选择合理的算法，已知一倍数，选择算术法解方便，未知一倍数，选择列方程解，化逆向思维为顺向思维；三要注意等量关系的建立。

（四）指向学生对易混知识的比较

练习 6：按要求把正确选项的字母填入括号内。

（1）学校阅览室有文艺书 47 本，比科技书的 3 倍多 5 本，科技书有多少本？（设科技书有 x 本）下列方程中错误的是（　　）。

A. $3x+5=47$　　B. $47-3x=5$

C. $3x-47=5$　　D. $3x=47-5$

（2）小明有 a 本故事书，小东有 b 本故事书，如果小明给小东 3 本故事书，则两人故事书本数一样多。根据题意，下列方程不正确的是（　　）。

A. $a-3=b+3$　　B. $a-b=3\times 2$

C. $a-3\times 2=b$　　D. $a-b=3$

（3）甲数是 100，乙数比甲数的 1.5 倍少 2。乙数是多少？下面（　　）道列式是不正确的。

A. 设乙数为 x。$1.5x-2=100$

B. 设乙数为 x。$100\times 1.5-x=2$

C. 设乙数为 x。$x+2=100\times 1.5$

D. $100\times 1.5-2$

比较出真知，真理越辩越明。把学生列方程解决问题容易出错的要点，设计成选择题、对比题让学生展开充分的对比辨析，在辨析中释理，在深度对话中明理。学生选择后，辅以问题：比如第（3）小题，A 选项为什么是错的？请说明理由；其余三个选项的方程或列式为什么是对的？根据什么？让学生深度对话，说理，在生生互动、师生交流、分享思维成果中，澄清知识的模糊点，扫清列方程解决问题的障碍，提升列方程解决问题的素养。

练习 7：选择合理的方法。

（1）笑笑有故事书 20 本，科技书的本数比故事书的 2 倍多 2 本。科技书有多少本？

（2）笑笑有科技书 42 本，比故事书的 2 倍多 2 本。故事书有多少本？

学习了列方程解决问题，尤其是面对几倍多几或少几的问题，学生往往不分青红皂白，一倍数明明是个已知量，也把已知量设为未知数，用方程解，针对此现象，设计选择合理算法的练习，旨在对比中，让学生明晰要具体问题具体分析，学会选择合理的算法，体会算术法与方程法在解决问题中各自的优越性，培养学生的理性思维和辩证思维。

（五）指向学生对思维品质的培育

练习 8：根据 $4x-x=30$ 编一道解决问题。

培育学生的思维品质，是数学教学的核心目标。练习教学同样要指向评价学生的思维品质。通过编题练习：根据 $4x-x=30$ 编一道解决问题，把方程模型具体化，培养学生思维的发散性和深刻性。

练习 9：拓展练习。

A、B 两车分别从甲、乙两地同时相对开出，A 车每小时行 42 千米，B 车每小时行 50 千米，两车在距离中点 24 千米处相遇。两车经过多少小时相遇？（先画出示意图，再列方程解答）

在学生画出线段图，观察、分析线段图后，依托线段图的直观设问：你能以甲、乙两地的中点建立等量关系吗？引导学生按事情发展顺序列出方程。解：设两车经过 x 小时相遇。$42x+24=50x-24$。再追问：你能以此方程，变式出相应的方程吗？根据的数量关系是什么？学生根据 B 车行的路程减去 A 车行的路程等于相差路程这个数量关系，变式出方程 $50x-42x=24+24$，从而培养学生思维的灵活性和创造性。

总之，练习是发展学生思维的重要载体，在核心素养背景下的练习设计要指向学生思维品质的培育。根据国家、省质量监测评价的命题导向，把易混易错的概念、原理、方法设计成选择题、说理题、对比题、解答题，让学生在说理辨析中、思维交锋中、头脑风暴中，掌握基本的思维方法，培育良好的思维品质，养成良好的思维习惯，从而提升思维素养，由理性思维走向理性精神。

二、基于核心素养视角下问题解决能力测评指向

问题解决能力主要是指发现和提出问题的能力、分析问题的能力、解决问题的能力、反思矫正的能力。基于核心素养视角下的问题解决能力测评就应该指向这些能力。

（一）指向发现与提出问题的能力

发现和提出问题的能力是2011年版课标在原有分析问题和解决问题能力的基础上提出的新两能。从某种角度讲，发现、提出问题比解决问题更重要，因此，要把发现问题与提出问题贯穿于问题解决的过程中。

例1：永辉超市3月1日卖出黄桃6筐，72千克；6筐苹果，每筐重15千克。黄桃每千克15元，苹果每千克16元。提出一步、两步数学问题，并解答。

（二）指向分析问题能力

分析问题是问题解决中的关键环节。最基本的分析问题的思维方法是分析法和综合法，学习的是从问题想起的策略，测评指向于考查学生从条件想起的能力。

例2：要求“笑笑每天比淘气多看了几页书?”这个问题，下面（　　）选项的两个条件符合。

A. 疫情期间，笑笑看了12本书，淘气看了10本书

B. 疫情期间，笑笑一共看书2000页，淘气每天看书18页

C. 疫情期间，笑笑每天看书20页，淘气每天看书18页

D. 疫情期间，笑笑买了20本童话大王，淘气买了18本童话大王

例3：皮皮服装店新进了两款上衣，甲款上衣每件标价99元，乙款上衣每件标价79元。笑笑买了两件上衣，付给营业员200元，最多找回（　　）元。

A. 2　　B. 22　　C. 42　　D. 121

例4：皮皮服装店新进了两款裤子，甲款裤子每件标价69元，乙款裤子每件标价75元。淘气要买了2条裤子，付给营业员200元，最少找回（　　）元。

A. 50　　B. 56　　C. 62　　D. 125

例5：学校买了90套课桌椅，（　　），还买了880元的排球。学校一共要花费多少元？根据问题，选择合适条件。

A. 22个排球　　B. 每套课桌椅86元

C. 每个排球40元　　D. 椅子每张30元

例6：某超市今天卖出72千克黄桃和8筐苹果，（　　），卖出的苹果比

黄桃多多少千克？根据问题，选择合适条件。

A. 卖出黄桃 6 筐

B. 每筐苹果重 15 千克

C. 黄桃和苹果的价格相同，都是每千克 8 元

D. 黄桃付了 576 元

例 7：笑笑家种了 12 排白菜和 6 棵辣椒，（　　），白菜的棵数是辣椒的多少倍？根据问题，选择合适条件。

A. 每排白菜 3 棵　　　　B. 每排辣椒 2 棵

C. 白菜和辣椒一共有 42 棵　　D. 青菜有 120 棵

例 8：淘气家种了 9 排白菜和 8 棵辣椒，（　　），每排白菜有多少棵？根据问题，选择合适条件。

A. 每排白菜 4 棵　　　　B. 每排辣椒 2 棵

C. 白菜和辣椒一共有 52 棵　　D. 青菜有 120 棵

例 9：大利家超市新进一批新鲜的蔬菜和水果，苹果每千克 12 元，香蕉每千克 7 元，葡萄每千克 18 元，茄子每千克 9 元，豌豆每千克 10 元，青菜每千克 8 元。奇思买了 3 样，付了 50 元，最多找回（　　）元。

A. 40　　B. 24　　C. 26　　D. 10

例 10：下面（　　）道题不能用 12×2＋12 列式计算。

A. 笑笑第一天写了 12 个大字，第二天写的大字是第一天的 2 倍。两天一共写了多少个大字？

B. 淘气第一天看书 12 页，第二天看书的页数是第一天的 2 倍。两天一共看了多少页？

C. 奇思喜欢藏书，家里有《数学大世界》12 本，《数学一点通》的本数是《数学大世界》本数的 2 倍。两种书一共有多少本？

D. 妙想第一天完成思维挑战题 12 道，第二天完成思维挑战题的道数是第一天的 2 倍。第二天比第一天多完成多少道思维挑战题？

例 11：学校有篮球 60 个，乒乓球的个数比篮球多 12 个，两种球一共有多少个？下面数量关系不正确的是（　　）。

A. 篮球个数＋12＝乒乓球个数

B. 篮球个数＝乒乓球个数－12

C. 篮球个数＋12＝两种球个数

D. 篮球个数＋篮球个数＋12＝两种球个数

例 12：师徒两人加工一批口罩，徒弟每小时加工 15 个，师傅每小时加工个数是徒弟的 3 倍。徒弟每小时比师傅少加工多少个口罩？下面（　　）个线段图符合题意。

A.
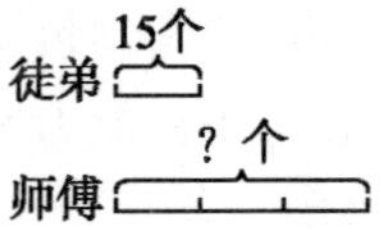

B.
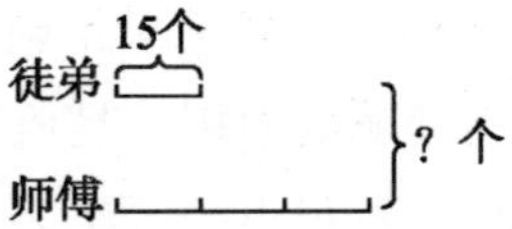

C.
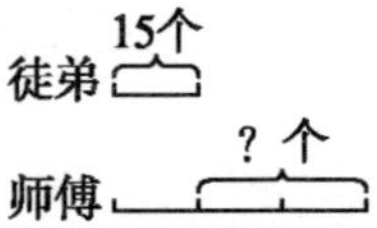

D.
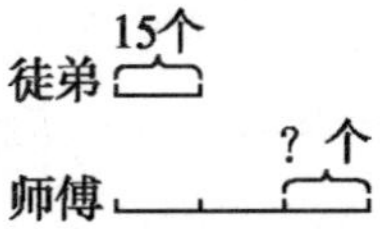

例 13：张老师买了蓝彩笔 16 支，红彩笔的支数是蓝彩笔的 3 倍。红彩笔和蓝彩笔一共多少支？

（1）要求买了红彩笔和蓝彩笔一共多少支？要先求（　　）支数。

（2）写出数量关系式：（　　）支数＋（　　）支数×（　　）＝两种彩笔的总支数。

（三）指向解决问题能力

解决问题能力是问题解决中把发现、提出、分析问题的过程正确表达出来的思维过程，是数学思维的外显过程，体现了思维理解性和逻辑性，是问题解决测评中的重要题型，反映生活性与时代性。

例 14：新冠肺炎疫情发生后，针对防护口罩短缺的实际，某公司发挥自身优势，结合企业医用防护服生产经验，积极转产口罩生产。采购了 2 条医用口罩生产线，2 条生产线正式投产，原来平均每天生产口罩 5 万只，生产线设备度过了 7 天的磨合期后，平均每天生产口罩的数量不断增加，现在每天的生产量是原来的 2 倍。

（1）7 天的磨合期一共生产了多少万只口罩？

（2）现在每天生产多少万只口罩？

例 15：东东服装店新进一批牛仔裤，A 牌牛仔裤每条 79 元，B 牌牛仔裤每条 85 元，C 牌牛仔裤每条 95 元，D 牌牛仔裤每条 99 元。

（1）笑笑买 3 条牛仔裤，付出 300 元，最多找回多少元？

（2）淘气买了3条牛仔裤，付出300元，最少找回多少元？

（3）奇思买了3条牛仔裤，正好用去259元，奇思买了什么牌子的牛仔裤？请说明理由。

（四）指向反思与矫正能力

反思与矫正能力是问题解决能力的保证，能判断对错、说明理由、自我检查，确保解题的过程和结果正确。因此，测评指向于让学生分析错误与正确，说明错误与正确的原因，是监测学生是否具备反思与矫正能力不可或缺的手段，是落实课标提出的培养学生反思意识的有效举措。

例16：笑笑爱读书，家中藏有作文书15本，故事书的本数是作文书本数的3倍。两种书一共有多少本？下面列式错误的是（　　）。

A. 15×3　　B. $15+15+15+15+15$

C. $15\times3+15$　　D. $15\times(3+1)$

例17：3月14日是国际数学节，也是国际圆周率日。国际数学协会于2011年正式宣布将每年的3月14日设为国际数学节，因其来源是中国古代数学家祖冲之的圆周率，所以大都习惯称为“国际圆周率日”。为了纪念这一天，笑笑和淘气进行挑战奥数题比赛，最终笑笑挑战成功30道奥数题，淘气挑战成功的题数比笑笑的2倍少26题。笑笑比淘气少挑战成功多少道奥数题？

奇思列式：$30\times2-26$　　妙想列式：$30\times2-26-30$

谁的列式是正确的？请说明理由。

例18：新冠肺炎疫情期间，笑笑宅家看一本800页的长篇小说，计划每天看55页，照这样计算，笑笑两周能看完吗？请说明理由。

三、基于质量监测背景下选择题设计指向

练习是巩固知识、形成技能、发展思维、感悟数学思想、积累经验、涵养数学核心素养的重要载体。选择题是质量监测命题的主打题，一般为20道单选题，从四个选项中选一个符合题意要求的，对学生的思维提出了挑战性，同样对教师的教学也提出了更高的要求。由此设计符合质量监测要求的选择题，便成为了诸多新手教师的困惑。借此，笔者就时下基于质量监测背景下选择题设计指向，例举数例谈之，以期对新手教师有所启迪。

（一）指向基础和综合

样题1：大三角形中阴影部分能用$\frac{1}{2}$表示吗？下面说法正确的是（ ）。

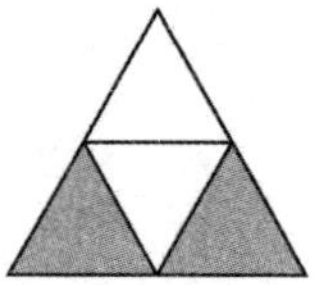

A. 不能，因为大三角形平均分成4份。

B. 不能，因为阴影部分有2份。

C. 不能，因为阴影部分只能用$\frac{2}{4}$表示。

D. 能，因为阴影部分和空白部分一样大，都占了整个图形的一半。

最基本的知识往往是最重要的。加强对数学本质的理解，体现相关的数学基础知识和基本技能，是练习设计的基本性原则。样题1主要考查学生对分数$\frac{1}{2}$的本质理解。

样题2：下面线段表示的是0°到360°，角a、角b各表示（ ）。

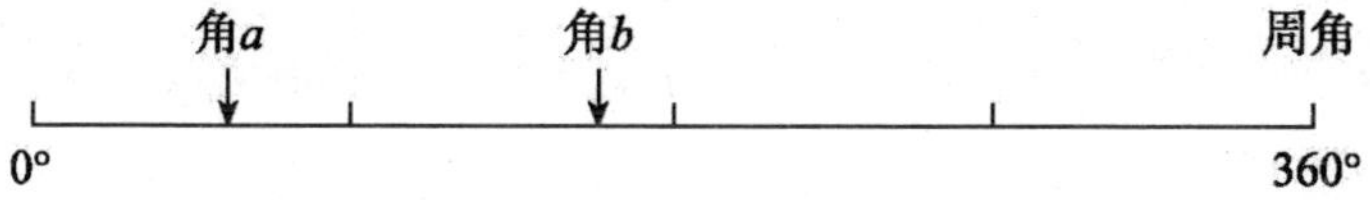

A. 角a、角b都是锐角　　B. 角a是锐角，角b是直角

C. 角a是锐角，角b是钝角　　D. 角a、角b都是钝角

练习应体现综合应用数学知识以及其他学科知识的能力。样题2注意数学学科内部的综合，体现知识间的相互联系，同时，还将学科与学科之间的知识综合运用来解决实际问题，真正体现数学的价值。

（二）指向现实生活

样题3：红星少儿频道某天节目单如右图，笑笑晚上7时30分正在看红星少儿频道，她看的节目是（ ）。

7:30	卡通天地
8:30	科普大世界
10:30	芝麻开门
……	
17:30	智慧树
19:00	新闻联播
19:30	动画梦工厂

A. 卡通天地

B. 智慧树

C. 新闻联播

D. 动画梦工厂

数学源于生活，服务于生活。练习设计要遵循生活化的理念，设计具有挑战性，学生又熟悉的生活中的数学，唤起学生的生活体验，拉近生活与数学之间的距离，进而体会到数学就在身边，感受到数学的趣味、作用和价值。

（三）指向信息的选择和处理

样题 4：解决“5 支装的一盒钢笔共 60 元，小刚买了 3 盒钢笔，他付给售货员 300 元，应找回多少元?”需要用到的信息是（　）。

A. 5 支　60 元　3 盒　300 元　　B. 60 元　3 盒　300 元

C. 5 支　60 元　3 盒　　　　　　D. 5 支　3 盒

传统的数学试题，解决问题需要的条件常常不多也不少，这样的“标准件”，问题结构机械呆板，千篇一律，数学思维的含量较低，学生的信息处理能力和独立思考能力被压抑了。而实际生活中学生面临的数学问题、呈现的信息往往是复杂多样的，需要通过各种渠道收集数学信息。因此，试题所提供的信息不能完全是完整、有序和规范的，应该恢复现实生活的本来面目，让学生学会将零乱、内隐的信息进行重组，变“标准件”为“信息选择处理”，考查学生综合应用数学知识解决实际问题的能力。样题 4 不仅考查学生通过计算解决问题的能力，更重要的是让学生根据问题情境选择有效的信息。

（四）指向推理过程

样题 5：要解决“有 36 个桃子，平均分给 3 只猴子，每只猴子可以分得多少个桃子”的问题。右图算式中箭头所指的“3”表示（　　）。

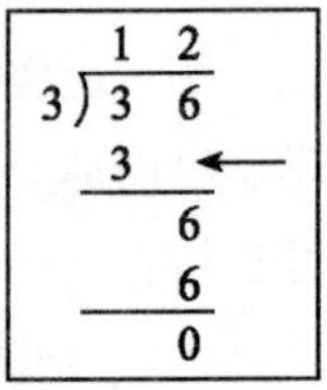

A. 已经分掉了 3 个桃子

B. 已经分掉了 30 个桃子

C. 已经分掉了 6 个桃子

D. 已经分掉了 36 个桃子

样题 6：一道三位数乘两位数“3□8×□2”，其中有两个数字看不清了，下面 4 个数中，（　　）数可能是这道算式的得数。

A. 3006　　B. 6994　　C. 7216　　D. 380206

推理能力的培养应始终贯穿于教学中。样题 5 主要是评价学生对除法算式中每一步的理解能力；样题 6 主要是通过排除法、估算法，培养学生的数感。

总之，质量监测评价的目的是为了全面了解学生的学习状况，激发学生的学习热情，促进他们全面发展，同时，也改进教师的教学。因此，我们要领会质量监测的命题精神，引领练习设计，提升学生的思维能力，促使教、练、评一体化。

第六节 以反思为抓手

现代汉语词典对反思的解释是：思考过去的事情，从中总结经验和教训。从思维的结构来看，反思是处于监控位置，是对个体的思维过程和结果进行再认识的过程，是人们学习过程中不可缺失的重要环节。指向“为思维而教”的数学教学，注重培养教师和学生的反思意识和能力。

一、重视收后反思，提升“三性”

数学开放题相对于传统的机械模仿练习来说，无疑具有全新的意义和作用。然而我们如果只陶醉于放而不收，或草率了事的收；只陶醉于表面上的热热闹闹；只陶醉于点缀课堂而已，忽视收后反思，忽视引导学生从中提升规律性、同一性和可知性，势必会削弱开放题的功能，不利于学生思维的发展。

（一）重视收后反思，提升规律性

［案例1］教师出示：有5张数字卡片1、2、3、4、5，从中抽出2张组成两位数，这些卡片可以组成________个不同的两位数，分别是________。

师：先想一想组成的两位数有哪些？

$生_1$：12、23、34、45；

$生_2$：21、24、25；

$生_3$：13、14、15；

$生_4$：31、32、41、43、42；

$生_5$：35、54。

师：还有其他答案吗？

$生_6$：我还有51、52、53。

师：数一数，组成的两位数一共有多少个？

生：20个。

师：同学们回答得太棒了。

开放题可以从质和量两个方面来发展学生的思维水平。量的方面是指学生在解决问题时“想得多”和“想得快”；质的方面是指学生在解决问题时

“想得全”，即不重复、不遗漏、有规律地寻找解决问题的方案和全部结果。案例中学生所表现出的思维是想到什么说什么，即是无序的、零散的。而教师仅停留在从量的方面发展学生的发散思维这一层面上，忽视了从质的方面引导学生怎样“想得全”，忽视了提升问题中隐含的规律性，让学生有序思维的培养擦肩而过。如果教师在学生回答后提出这样的一个问题：请同学们把刚才的答案有序地排列一下，学生就可能会排成下面的两种形式：

（1）12、13、14、15；

21、23、24、25；

31、32、34、35；

41、42、43、45；

51、52、53、54。

（2）21、31、41、51；

12、32、42、52；

13、23、43、53；

14、24、34、54；

15、25、35、45。

这时让学生说说这样排列的道理：按每个数字在十位或个位上有序地排列，这样排列不重复、不遗漏、有规律。接着引导学生揭示其中隐含的规律：每个数字排在十位或个位时，都只能组成4个不同的两位数，5个数字正好组成20个不同的两位数。再设问：“如果将其中的一个数字改为0，还可以组成20个不同的两位数吗?”又一次将学生的思维推向不平衡。这样逐步引导学生进行有序的思考，培养学生思维的有序性和深刻性，有利于形成良好的思维品质。

（二）重视收后反思，提升同一性

[案例2] 学了比的基本性质后，教师出示：15∶20=(　　)∶(　　)。

师：想一想，括号里可填什么数?

$生_1$∶30∶40；

$生_2$：3∶4；

$生_3$：60∶80；

师：还有其他答案吗?

生$_4$：还可以填很多答案。

师：对，你太聪明了，本题有无数种填法。

该例教学并没有真正发挥开放题的作用：其一，发散的维度不够。教师可采取游戏的形式，引导学生进一步发散。先由教师出前项，学生答后项，如教师依次出前项分别为 3、30 千米、45 吨、7 小时、1.5 米、$\frac{3}{2}$等，学生根据比的基本性质依次说出相应的答案；接着学生考老师，学生出前项、教师答后项。这样将学生从只限于填自然数，引导到填小数、分数或数量上，拓宽发散的维度。其二，忽视提升答案的同一性。案例中部分学生对众多答案的理解还是模糊的。教师可抓住契机设问：“你从中发现了什么？”学生在反思中进一步领悟比的基本性质：只要比的前项、后项（可以填自然数、小数、分数和数量）同时扩大或缩小相同的倍数，比值$\frac{3}{4}$始终不变，认识到答案的同一性。

（三）重视收后反思，提升可知性

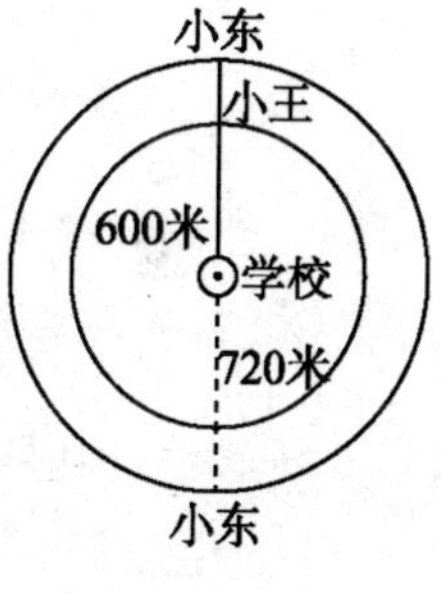

［案例 3］六年级的数学课上，教师出示：小王家到学校 600 米，小东家离学校比小王家远 20%，小王家和小东家相距多少米？

生$_1$：600×（1＋20%）＝720（米）

600＋720＝1320（米）；

生$_2$：600×20%＝120（米）；

生$_3$：当三个地方成三角形时，无法计算；

生$_4$：小王家与小东家相距最近 120 米，最远 1320 米，还有其他可能，相距的米数在 120 与 1320 之间。

师：回答得太棒了！这道题的答案有无数个。

案例中部分学生对无数个答案到底是一些什么情况是茫然的。教师应相机追问：“你能用图表示两家相距的各种可能性吗？”经过交流讨论，引导学生用同心圆表示两家相距的各种可能。（见上图）以学校为圆心，600 米长为半径画一个内圆，圆上任何一点都可能是小王的家。720 米长为半径画一个外圆，圆上任何一点都可能是小东的家。小王家与小东家相距多少米即是内圆上任何一点与外圆上任何一点的距离。这样，直观地表示两家相距的各种可能，提升了答案的可知性，学生才可能顺利得出两家相距的米数在 120 与 1320 之间，充分发挥了开放题的思维价值。

二、营造倾听的氛围 搭建欣赏的平台

听了六年级的一节复习课，其中一道习题的教学，让笔者耳目一新，找到了久违的感觉。先摘录如下，一飨读者。

题目：果园里有桃树和杏树 360 棵，桃树的棵数是杏树的$\frac{5}{4}$倍。桃树和杏树各有多少棵？

师：先思考，独立解答，再同桌交流，最后全班交流。（过了 6 分钟）

师：汇报时，我提两点要求：1. 说者，做到“两说”，即先说算式，再说想法，有说不清楚的可以请别人帮忙。2. 听者，做到“四能”：能复述；能评价他人的解法，评价时要先指出对在哪里，哪怕是一丁点儿合理的成分，再指出不足；能从他人的解法中受到启发；能欣赏他人的解法，自发送出掌声。

生$_1$：设杏树有 x 棵，桃树有$\frac{5}{4}x$。列方程为 $x+\frac{5}{4}x=360$，解得 $x=160$（棵），所以桃树有 $360-160=200$（棵）。

生$_1$：我是这样想的：要求两个问题，先设 1 倍数杏树为 x 棵，桃树用$\frac{5}{4}x$ 棵表示，再根据第一个条件找等量关系列方程。

生$_2$：设桃树有 x 棵，杏树有$\frac{4}{5}x$ 棵。列方程为 $x+\frac{4}{5}x=360$，解得 $x=200$，所以杏树有 $360-200=160$（棵）。

生$_2$：我是受生$_1$ 同学解法的启发，将“桃树的棵数是杏树的$\frac{5}{4}$倍”转化为“杏树的棵数是桃树的$\frac{4}{5}$”，这时桃树的棵数为单位 1，设桃树的棵数为 x 棵，杏树的棵数用$\frac{4}{5}x$ 棵表示。

师：谁听懂生$_2$ 同学的解法？（指名学生复述）

师（问生$_2$）：你能从同学的解法中得到启发，说一说你是怎样做的。

生$_2$：生$_1$ 同学在汇报她的解法时，我一边认真听，一边想，原题是以杏树为单位 1，如果转化为以桃树的棵数为单位 1，就有了另外一种解法。这里，谢谢生$_1$ 同学带给我的启发。

师：生$_2$ 同学在倾听的过程中，能融入自己的思考，提出自己的见解，这种学习方法非常好。课堂是个取长补短的地方，希望同学们能互相学习，彼此欣赏。

生$_3$：因为 $5+4=9$，所以杏树有 $360\times\frac{4}{9}=160$（棵），桃树有 $360-160=200$（棵）。

生$_3$：我是这样想的：桃树的棵数是杏树的 $\frac{5}{4}$ 倍，把杏树的棵数看作 4 份，桃树的棵数就有这样的 5 份，共 9 份，用按比例分配的方法解。

生$_4$：因为 $5+4=9$，$360\div9=40$（棵），所以杏树有 $40\times4=160$（棵），桃树有 $40\times5=200$（棵）。

生$_4$：我是受生$_3$ 同学用按比例分配的思路的启发，用归一的方法解。

生$_5$：列方程为 $4x+5x=360$，解得 $x=40$，所以桃树有 $40\times5=200$（棵），杏树有 $40\times4=160$（棵）。

生$_5$：我是间接设的，但我不知道怎样设，谁来帮助我？

生$_6$：我来帮助你。你求得的 $x=40$ 是指什么？

生$_5$：每份有 40 棵。

生$_6$：那就应该设每份有 x 棵。你懂了吗？

生$_5$：我懂了，谢谢你！（学生们自发鼓掌）

师：这掌声告诉我，同学们在倾听的过程中学会欣赏他人了。

生$_7$：设杏树有 x 棵，桃树有（$360-x$）棵。列方程为 $\frac{5}{4}=\frac{360-x}{x}$，解得 $x=160$，所以桃树有 $360-160=200$（棵）。

生$_7$：我是用正比例求解的。先根据第一条件设未知数，再根据第二个条件列比例式。

师：听懂他讲什么吗？（指名学生说）

生$_8$：设桃树有 x 棵。列方程为 $\frac{4+5}{5}=\frac{360}{x}$，解得 $x=200$，所以杏树有

360－200＝160（棵）。

生$_8$：我是受生$_7$同学用正比例求解的思路想到的……

生$_9$：因为杏树有 $360\div\left(1+\frac{5}{4}\right)=160$（棵），所以桃树有 $360-160=200$（棵）。我是用量率对应法求解的，即找 360 的对应分率。

生$_{10}$：因为桃树有 $360\div\left(1+\frac{4}{5}\right)=200$（棵），所以杏树有 $360-200=160$（棵）。

……

师：我们是通过什么渠道，获得这么多种解法的？

生$_{11}$：靠集体的努力获得的。

师：你说得很对，同学们之间的互补丰富了这道题的解法。

师：观察这些解法，它们分别是从什么思路来思考的？它们之间有什么联系？（学生说，略）

师：通过解这道题，你有什么感悟？

生$_{12}$：我学会了用多种方法解题。

生$_{13}$：我学会了从不同角度来思考问题。

生$_{14}$：要认真倾听同学的发言，从中得到启发。

生$_{15}$：不要只满足于自己的一种解法，要学习其他同学的解法。

生$_{16}$：要懂得欣赏他人，同学进步了或有创新的解法，我们要送出掌声祝贺。

生$_{17}$：你有一种解法，我有一种解法，他有一种解法，通过交流，每个人就有三种解法了，要学会取长补短。

师：我用 12 个字总结同学们这节课的表现——“善于倾听，彼此欣赏，共同发展”（师板书）。

好一句“善于倾听，彼此欣赏，共同发展”，这不正是新理念环境下数学课堂所追求的吗？让我们来剖析这一教学片断，看执教者是如何落实这一理念的。

（一）营造倾听的氛围——注重倾听能力的培养

古希腊先哲苏格拉底说过：“上天赐人以两耳两目，但只有一口，欲使其多闻多见而少言。”寥寥数语，形象而深刻地说明了“听”的重要性。现代社会强调人与人之间的沟通、交流、协作、共事，是否善于倾听，不仅体现着一个人的道德修养水平，还关系到能否与他人建立起正常和谐的人际关系。而良好的倾听习惯和能力，需要教师有目的、有计划地在课堂上培养。上述案例从以下几个方面来营造倾听的氛围，注重倾听能力的培养。

1. 提出要求。倾听时要做到“四能”，这为学生指明了倾听的目标。

2. 言传身教。学生汇报时，教师认真板书；学生说想法时，教师走到发言者的身旁侧身倾听，并对发言者说“你说的我听懂了，你说的很好……”，为学生树立了倾听的榜样。

3. 适时点化。当生$_2$从生$_1$的解法中得到启发后，教师及时捕捉住这一信息，让生$_2$说说是怎么做的。当生$_2$说出想法后，教师适时点化：“生$_2$同学在倾听的过程中，能融入自己的思考，提出自己的见解，这种学习方法非常好。课堂是取长补短的地方，希望同学们能互相学习，彼此欣赏。”教师的适时点化，为下面学生的精彩表现开辟了一条绿色通道。

4. 落实到位。教师深深知道这一环节的重要性，常以“你听懂他讲什么了吗？你来说说”等问题来落实学生的倾听情况。

5. 反思感悟。“这么多种解法是通过什么渠道获得的？通过这道题的学习，你有什么感悟？”教师从学生发自内心的感悟中发现，他们已然体验到善于倾听的重要性。

（二）搭建欣赏的平台——注重人文关怀的培养

欣赏是对对方最高层次的肯定，倾注了具有时代精神的人文关怀。在欣赏的过程中，对话各方实现了精神的相遇、相通。案例中，教师除了践行倾听能力的培养外，还为学生搭建欣赏的平台，如：“能列式，但想法说不清的可以请同学们帮忙；评价他人时，要先指出其对在哪里，哪怕是一丁点儿合理的成分，再指出不足；从他人的解法中得到启发，要懂得感谢，该送出自己的掌声时，要大方地送出……”正因为有了这些平台，生生互动中才会出现具有人文关怀的对话及发自内心送出的掌声。的确，诚如爱默生所言：“人生最美丽的补偿之一，就是人们真诚的帮助别人之后，同时也帮助了自己。”彼此欣赏是一种互动的行为，欣赏者必须具有愉悦之心、仁爱之怀、助人之爱，被欣赏者必产生自尊之心、奋进之力、向上之志。这不是我们所追求的课堂教学吗？

总之，培养学生的倾听能力，在倾听中让学生们学会彼此欣赏，是新课程倡导的理念。惟有将理念化为行动，落实到课堂教学的每个环节、每个细节中，理念才能焕发出生命的活力，我们的课堂也因此而变得更加精彩！走在一线的同行们，让我们共同努力吧，走出一条健康道路。

三、不妨多此一问

听了人教版五、六年级的多节数学公开课，沐浴着新理念吹进课堂的缕缕春风，感受着课改给课堂带来的变化，着实让人喜，但也让人忧。就教师在习题的利用上，存在着浅尝辄止的现象，撷取几个教学片断加以反思，以求教于专家、同行。

（一）多此一问，生成问题

［案例1］在1—20中：

奇数：________　　偶数：________

质数：________　　合数：________

教师留出一定的时间让学生独立练习，然后学生汇报。

生$_1$：奇数是1、3、5、7、9、11、13、15、17、19。

生$_2$：偶数是2、4、6、8、10、12、14、16、18、20。

生$_3$：质数是2、3、5、7、11、13、17、19。

生$_4$：合数是4、6、8、9、10、12、14、15、16、18、20。

师：完成得很好，齐读一遍。

问题是思维的起点，没有问题的思维是肤浅的、被动的。这是学生学习了质数、合数的定义后，教材安排的一道练习题，旨在让学生辨析这四个概念。上述案例中，教师留有一定的时间让学生独立填写并及时反馈，这些都非常好，可惜教师就此打住，错失了一次让学生发现问题、提出问题的机会。其实在此基础上，教师只要问："请同学们仔细观察，比较这四组数，同桌互相提问题，看哪一组提出的问题有价值？"这样提问自有一番景观。现将笔者教学这道题时，来自学生的问题整理一部分如下：

1. 自然数按能否被2整除分为几类，分别是什么？非0自然数按约数的个数分为几类，分别是什么？

2. 最小的奇数是几？最小的偶数是几？（指非0自然数）最小的质数是

几？最小的合数是几？

3. 2既是什么数又是什么数？简称什么数？

4. 除2以外的质数都是奇数，但奇数不一定都是质数。这句话对吗？

5. 除0、2以外的偶数都是合数，但合数不一定都是偶数。这句话对吗？

6. 相邻的两个奇数、偶数都相差几？用字母怎么表示？

7. 两个奇数相加和是什么数？两个偶数相加和是什么数？奇数加偶数，和是什么数？

8. 一个九位数，最高位是十以内最大的合数，百万位是最小的合数，千位上是最小的奇数，个位上是偶质数，其余各位都是零，这个数是多少？

……

就地取材，引导学生探索交流、对比发现，生成了来自学生自己的问题，笔者深深为学生的问题所折服。其实，这些问题以往都是教师提供给学生练习的，这样变教师提供为学生自主发现，不仅提高了习题的利用率，而且培养了学生观察、比较、发现问题、提出问题的能力。因此，在练习中，同样要让学生意识到问题的存在。首先，要为学生提供时空，让学生练习时有机会进行充分的观察思考、讨论交流等，这样利于学生发现问题和提出问题；其次，要不断引导学生对问题的生成过程进行反思，促使学生从问题生成的角度不断地反省自己的认识，激活思维，不断增强问题意识。

（二）多此一问，老题新解

［案例2］服装厂做一套制服用布3.8米，改变裁剪方法后，每套用布比原来节省0.2米，原来做1800套制服用的布，现在可以做多少套？（学生已学了比例知识）

教师放手让学生独立解答，在巡视中发现学生有不同解法，有针对性地叫了两个学生上台板演。

生$_1$：$3.8\times1800\div(3.8-0.2)=1900$（套）。

生$_2$：$1800+1800\times0.2\div(3.8-0.2)=1900$（套）。

师：这道题同学们用了两种方法解答，非常好。

这是一道五年级学过的应用题，进入六年级的课堂，笔者把它称为老题。上述案例中，老师仅满足于学生原有两种解法，根本没有考虑到学生的实际——这是六年级的学生。此时，只要教师提问：“同学们都是运用五年级学的知识求解，你能不能用六年级学过的分数知识、比例知识进行解答呢?”一石激起千层浪，这道老题定会绽放出异常的光彩。笔者就这道题学生的新解整理如下：

1. 分数法解

(1) $\frac{1800\times 3.8}{3.8-0.2}=1900$（套）

(2) $1800\div\frac{3.8-0.2}{3.8}=1900$（套）

2. 归一法解

$(3.8-0.2)\div 3.8=\frac{18}{19}$

$1800\div 18\times 19=1900$（套）

3. 按比例分配解

$18+19=37$

$1800\div\frac{18}{37}=3700$（套）

$3700\times\frac{19}{37}=1900$（套）

4. 正、反比例解

解：设现在可以做 x 套制服。

(1) $\frac{3.8-0.2}{3.8}=\frac{1800}{x}$

(2) $\frac{x}{3.8}=\frac{1800}{3.8-0.2}$

(3) $(3.8-0.2)x=1800\times 3.8$

教师这样提问，不仅拓宽了学生的解题思路，培养了学生的发散思维，而且构建了老题新解的网络结构。因此，随着学生知识的更新，在练习中遇到老题目时，除了让学生用原有知识解决外，还要引导学生用新知识解决，完善学生的认知结构。

（三）多此一问，形成结构

[案例 3] 求两个数的最大公约数和最小公倍数。

（12、16）（9、18）（10、25）（6、24）（7、5）（4、9）

［12、16］［9、18］［10、25］［6、24］［7、5］［9、4］

这是求两个数的最大公约数和最小公倍数的练习题，习题包含了求两个数的最大公约数和最小公约数的三种情况，而且每种情况都提供了两组题，说明教师注重练习材料的选择。遗憾的是，案例中的教师仅满足于学生的答案，而没有借此为学生实现知识建构。此时，只要教师提问：“求两个数的最大公约数最小公倍数有几种情况？你能用自己的方式加以整理，并让其他同学很好地进行对比吗？”定能收到很好的教学效果。下表是笔者教学这一内容时，学生对这一知识的梳理：

两个数的关系		举例	最大公约数	最小公倍数
一般关系		12 和 16	用短除法求	用短除法求或大数翻倍法
特殊关系	互质关系	7 和 5	1	两个数的积
	倍数关系	6 和 24	较小数	较大数

这样，通过学生的分析、梳理，就形成了一个带有平面性质的知识结构，有利于学生形成一个更高的观念和更基本的看法，最终达到一通百通的境界。

（四）多此一问，提升方法

［案例 4］1. 一块棱长 6 分米的正方体钢材，打造成一个底面积是 21.6 平方分米的圆柱，圆柱的高是多少分米？

2. 一个圆柱形水槽，底直径是 16 厘米，水槽中装有 15 厘米深的水。当把一个铁块完全浸没在水中时，水面上升到 17 厘米，这个铁块的体积是多少立方厘米？

教师放手让学生独立解答，期间教师巡视，进行个别辅导，并叫学生上台板演，最后集体订正。

这里的方法是指数学思想方法，数学思想方法支配着整个教材，不仅渗透在例题中，也渗透在习题中，学生一旦掌握了它，将终生受益。教学时，如果只教授知识而不揭示知识中所包含的思想方法，那么这样的知识是孤立的、静止的，从教学论的观点来看，这样的知识是不完整的。案例中的两道题都渗透了等积变形的思想，教师追求问题的正确性，忽视了习题的本质，对等积变形的思想只字未提，给人的感觉是为解题而解题。如果教师补充提问：“这两道题在解法上有什么共同的地方？”聪明的学生不难发现，这两道题都是利用等积变形的思想进行解答。一语道破天机，难怪笔者的学生在点化之后，会发出茅塞顿开之音。如此提问，问在学生思维的模糊处，有画龙点睛之效。

以上是笔者从听课中选取的几个教学片断加以分析，说明了一部分教师在习题的利用上还不到位，仅满足于得出答案，忽视了结合具体的题目进行提问，错失了习题的二度利用。因此，教师要像深入钻研例题一样钻研习题，不能仅满足于让学生获得正确的答案，还要思考答案的弦外之音。这样才能避免在习题的处理上浅尝辄止，要真正发挥习题的发展功能。

第七节 以活动为载体

教学主张落地离不开教学研讨活动的开展，借助宁德市、寿宁县两级名师工作室的平台，我们以构建为学生思维发展而教的教学研讨为主题，通过不同的形式开展活动 20 多场，有指向“为思维而教”的示范课、观摩课、专题讲座；有指向“为思维而教”的单元作业、说课设计等作品的评选。我们的研讨活动从县内走到县外，推广“为思维而教”的教学主张，让更多的教师参与到这个行列，驶向思维的远方。

一、指向“为思维而教”的复习教学

研究内容：构建导中激思—理中启思—练中评思—理中反思—拓中延思的教学模式

研讨课题：苏教版四年级下册“运算律”的整理与复习

执教教师：宁德市小学数学名师工作室领衔人夏忠

参会人员：宁德市小学数学教研员、数学骨干教师 200 多人

活动时间：2017 年 5 月 22 日

教学设计思考和提出的问题：

1. 如何让整理更有效？

整理是复习教学的一大重点，培养学生对知识的整理能力是数学教学的一大目标。对于四年级的学生来说，独立整理有一定的困难，试教时多次放手让学生独立整理，效果都不理想。因此，如何让整理更有效些，就成了本

节课首要解决的问题。在多次实践的基础上，采用了以学生写的数学日记为载体，在欣赏学生日记的过程中引导学生整理，这样借助学生写的日记情境，学生亲切自然，不仅拓展了整理的面，从知识整理到错题、难点整理，更是为学生提供了学写数学日记的范例。

2. 如何让复习更有效？

复习的目的是查缺补漏、完善认知结构。从学生对五个运算律和两个性质的掌握来看，难点是乘法分配律的应用。因此，在多层次的复习中以乘法分配律的复习为重点，通过说理、辨析、选择、推理等形式，让复习更接地气。

磨课要点：

1. 教材分析：在106页第九单元的整理与复习中，运算律的知识教材仅安排了两道题，一是第107页的第10题，给出五个运算律的字母式，让学生说说式子各表示什么运算律，主要的目的是回忆、再现每一个运算律与字母式的对接，为完成下面的练习做铺垫；二是第108页的第11题，给出8道计算题，让学生怎样算简便就怎样算，目的是让学生运用运算律进行简便运算。

2. 学情分析：有效教学要基于学生的认知起点，要根据学生原有的知识状况进行教学。教材第六单元安排学生学习运算律，包括五个运算律和两个性质，从教学的实际情况来看，学生对两个交换律、结合律，两个性质学习得比较好，学生主要的认知障碍在乘法分配律的应用，由于乘法分配律含有两种运算，正用、反用、套用、变用，灵活多变，始终是多数学生认知上的难点。因此，复习的着重点放在了乘法分配律上，力求从乘法的意义上加以突破。

教学策略：

整理与复习的教学，一是整理，二是复习，三是反思。本课主要从以下三方面构建教学策略。

1. 以数学日记为情境引导整理

在整理环节，以学生的数学日记，即运算律单元知识整理与反思为情境，在欣赏学生的日记中引导学生整理五个运算律和两个性质，同时还引导学生欣赏错题整理和乘法分配律的四种应用情况的整理，不仅有效完成了知识点、错题、难点的整理，也为学生提供了学习写数学日记的范例。

2. 以多层练习为载体引导体验

在复习环节，设计多层的练习，除了查缺补漏、巩固知识、形成结构等功能外，注重借助知识载体培养学生的数感、运算能力、推理能力，感悟凑整思想、分解思想、分合思想，积累思维活动经验。在师生互动交流中，激发学生的学习热情，激励学生的学习欲望，体验成功，培养学好数学的信心，感受思考是快乐的，数学是好玩的。

3. 以经历过程为依托引导反思

反思意识的培养是达成学生真正学会学习的可持续动力。在课尾通过说明整理、复习是什么意思；为什么要整理与复习；怎样进行整理与复习三个问题的回顾，引导学生反思整理与复习过程，积累经验，为继续前行储蓄正能量。

复习内容：苏教版四年级下册 P107－108 第 10－11 题

复习目标：

1. 使学生经历整理运算律的过程，体验整理知识的重要性。

2. 使学生经历运算律的复习过程，查缺补漏，完善认知结构，培养运算能力。

3. 使学生经历说理、辨析、应用、推理的过程，感受思考是快乐的，数学是好玩的，体验成功，树立信心。

教学重点、难点：单元知识整理；乘法分配律的应用

教学准备：课件的制作、学生作业纸

复习过程：

一、导中激思

1. 出示课题：运算律的整理与复习。

2. 从课题中可以看出这节课我们要复习什么？分为几部分？

设计意图：课始通过两个问题，激发学生看课题联想学习内容，让学生明确本节课要学习的内容，分为几部分学习，直奔主题，目标明确。

二、理中启思

师：下面我们边欣赏小欣同学写的运算律单元知识日记，边进行整理。

课件出示：

同学们好，我是小欣，下面我与大家分享我写的单元知识整理。耶，运

算律单元学习完了，我又可以写单元知识整理啦，真是开心。下面我将从三个方面进行单元知识整理：

其一是整理运算律和性质，我们学了五个运算律和两个性质，整理如下。

加法交换律：$a+b=b+a$

加法结合律：$(a+b)+c=a+(b+c)$

乘法交换律：$a\times b=b\times a$

乘法结合律：$(a\times b)\times c=a\times(b\times c)$

乘法分配律：$(a+b)\times c=a\times c+b\times c$

减法性质：$a-b-c=a-(b+c)$

除法性质：$a\div b\div c=a\div(b\times c)$

我已整理完毕，请同学们思考几个问题：

（1）说一说，我是采用什么方式整理的？

（2）辨一辨，哪个运算律与众不同？为什么？它与哪个运算律容易混淆？

其二是整理典型错题。

刚学习乘法分配律时，我把 $25\times(4\times8)$ 算成 $25\times4+25\times8=100+200=300$，谁来说一说，我错在哪里？嗯，你说得对，原来我把括号中的 4×8 看成了 $4+8$，明明是应用乘法结合律简算的，我却误用了乘法分配律，你说，能不错吗？现在还记忆犹新呢！

还有两道错题，整理如下：

1. $(200+16)\times5=200\times5+16$

2. $25\times32\times5=25\times4+8\times5$

你有犯过类似的错误吗？谁来说一说，错在哪里？

其三是整理难点应用。

五个定律、两个性质中，乘法分配律由于其应用的灵活性，是学习的难点，我对乘法分配律的应用情况进行了梳理，主要有两种情况。

第一种是直接用。

如：　$(4+40)\times25$

　　$=4\times25+40\times25$

如：　$71\times58+71\times42$

　　$=71\times(58+42)$

第二种是先分解，再用。

如： 102×45

=(100+2)×45

我已整理完了，请你说一说，我是从几个方面进行整理的？这样整理有什么好处？你对我的整理还有什么建议？

设计意图：以学生写的数学日记为载体，让学生边欣赏边整理边交流问题，明确单元知识整理可以从知识点、错误点、疑难点等多方面进行整理，不仅达成整理的意图，体现了整理的价值，培养了学生结构化思维，也让学生学习了单元知识整理的写法，为今后学写单元知识整理提供一次很好的学习之旅，学习范例。

三、练中评思

师：我们已完成了五个运算律、两个性质的整理；典型错题的整理；难点应用的整理。接下来我们还要做什么？

（一）基本练习

1. 在括号里填上一个数，使算式能够简便计算。

38+175+(　　)　　　　13×25×(　　)

18×45+18×(　　)　　　　226×35-(　　)×35

42×36+(　　)×(　　)　　　　329-186-(　　)

3200÷25÷(　　)

2. 先分解其中一个数，使算式能够简便计算。

36×25　　　　201×34　　　　630÷45

（二）选择练习

1. 简算 24×25，下面四个同学的算法，(　　)的算法是错的。

小东：4×25×6

小西：3×8×25

小南：20×25×4

小北：2×25×12

2. 下列算式中，应用了乘法分配律的算式是（　　）。

小东：44+99+56=44+56+99

小西：25×(4×8)=(25×4)×8

小南：50＋5×8＝50＋8×5

小北：25×(4＋8)＝25×4＋25×8

3. 四（1）班有52人，四（2）班有49人，四（3）班有48人，四（4）班有51人，求一共有多少人？从下面四个同学的列式中，可以看出（　　）同学有简算意识。

小东：52＋49＋48＋51

小西：52＋48＋49＋51

小南：49＋48＋52＋51

小北：49＋52＋51＋48

4. 下面（　　）道题的计算适合用乘法结合律。

A. 25×17×23

B. 13×125×8

C. 100÷50×2

D. 65×99＋65

5. 简算125×32×25正确的算式是（　　）。

A. 125×30＋25×2

B. 125×8＋4×25

C. 125×8×4×25

D. 125×32×20＋5

6. 下面（　　）道题的计算结果是对的。

A. 25×4÷25×4＝100÷100＝1

B. 137－(37＋99)＝137－37＋99＝199

C. 25×(4×3)＝25×4＋25×3＝175

D. 89×99＋99＝99×(89＋1)＝8910

7. 下面（　　）道算式的读法不明确用乘法分配律简算。

A. 35×99＋35表示99个35加上1个35

B. 35×63＋35×37表示63个35加上37个35

C. 35×101－35表示101个35减去1个35

D. 39×99＋99表示99个39加上1个99

8. 下面四道算式可以运用减法性质简算的是（　　）。

A. 645－(189－111)

B. 645－189＋111

C. 645－189－111

D. 645＋189＋111

（三）应用练习

1. 笑笑要写4000个毛笔字，每天练习写125个，照这样坚持了32天，笑笑能完成书写任务吗？说明理由。

2. 甲、乙两车同时从A、B两地相对开出，甲车每小时行54千米，乙车每小时行46千米。

(1) 经过18小时两车相遇。A、B两地相距多少千米？

(2) 如果甲、乙同时从A地去B地，经过18小时，两车相距多少千米？

设计意图：学以致用是数学学习的最终目的。数学是练中感悟会的，通过由易到难的多层练习，体验一道计算题能不能简便运算是由数据的特征所决定的，有的可以直接简算；有的要先分解其中的一个数或几个数才能简算。简便运算不仅在计算题中应用，更要自觉地应用到解决问题中去，最终培养学生的运算能力，提升学生的思维能力。

四、理中反思

师：谁来说一说整理是什么意思？

师：我们为什么要对所学的知识进行整理？

师：我们是怎样进行整理的？

设计意图：对所整理与复习的内容进行及时的反思，有利于学生自我梳理、自我审视、自我调整，围绕整理的意义、价值、路径三方面进行梳理反思，凸显整理在学生学习中的作用，激发学生把整理进行到底的内驱力。

五、拓中延思

简便运算：99×22＋33×34

设计意图：数学思考要从课内延伸至课外，设计拓展题，让学生带着问题走出教室，有利于学生更加有充裕的时间和空间思考，培养学生养成长时间思考问题的习惯。整体观察算式两积之和，表面上没有共同乘数，实质上可以变出共同乘数，99是33的3倍，把99分解成33×3，3和22相乘等于66，把原式转化成33×66＋33×34，利用等积变形的原理，化不能简算为能简算，培养学生整体观察能力、透过现象看本质的能力，这就是指向“为思维而教”的数学教学魅力。

二、指向“为思维而教”的深度教学

研究内容：指向“为思维而教”的深度教学

研讨课题：苏教版四年级下册《三位数乘两位数》

执教教师：宁德市小学数学名师工作室核心人员苏赛丹

参会人员：宁德市、寿宁县小学数学名师工作室全体成员及县小学数学骨干教师160多人

活动时间：2018年4月18日

教学内容：苏教版义务教育教科书《数学》四年级下册第27页例1、试一试和练一练

内容分析：“三位数乘两位数”是苏教版四年级下册第三单元的内容，是小学阶段整数四则运算的最后一部分内容，是在学生掌握了两位数乘两位数计算方法的基础上进行教学的。学习这部分内容，有利于学生完整地掌握整数乘法的计算方法，并为以后进一步学习小数乘法打好基础。

学情分析：三年级时，学生已经掌握了三位数乘一位数与两位数乘两位数笔算，三位数乘两位数的竖式计算与两位数乘两位数的竖式计算的算理和算法是相同的。因此，教学三位数乘两位数的竖式计算时，学生会将两位数乘两位数的算理迁移到三位数乘两位数中，如果只为掌握三位数乘两位数的算理和算法，那么这节课就缺乏数学学习的生长力。本节课重在培养学生自主学习的能力，重视学生估算能力的培养，让学生自主根据已学知识探究新知，并总结整数乘法的算理和算法，沟通新知和旧知的联系，学会自主学习。

教学目标：

1. 理解三位数乘两位数的算理，掌握算法，沟通知识之间的联系。通过算法的梳理，培养学生的归纳能力，通过算法的迁移，培养学生的类比思维能力，通过推算乘数个位，培养学生逆向思维以及创新思维能力。

2. 经历运用旧知识解决新问题的过程，逐步形成口算、估算、笔算相结合的计算能力。

3. 在主动探索学习活动的过程中，进一步发展学生的数学表达能力、解

决问题能力。

教学过程：

一、导中激思

师：（出示下边情景图）今年国庆期间福州的10个好朋友来宁德旅游，作为东道主的我们，准备带这10个好朋友去福鼎太姥山玩一玩。有一则旅游广告特别吸引我，我们一起去看看。

师：（出示：12人组团，每人只需283元）这次的团费需要多少钱？怎样列式？

生：283×12。

师：为什么用乘法计算？

生：求总价，要用单价乘以数量。

师：请你大胆地估计一下，这次团费大约要多少钱？

$生_1$：把12看作10，大约需要2830元。

$生_2$：把283看作280，12看作10，大约需要2800元。

$生_3$：把283看作300，12看作10，大约需要3000元。

$生_4$：把283看作300，大约需要3600元。

师：哇，这么多种估算的方法！现在你能看出，这次的团费大约在什么范围内吗？

生（众）：在2800～3600之间。

设计意图：估算在现实生活中运用十分广泛，是学生必备的、关键的数学能力。将估算、口算、笔算融为一体，既培养了学生的估算能力，又可以圈定计算结果的范围，从而为判断精确计算结果的正误提供可靠依据。

师：今天我们要学习的是三位数乘两位数，那在这之前，我们学过类似的乘法算式吗？

生（众）：两位数乘一位数，两位数乘两位数，三位数乘一位数。

师：我们一起来回顾一下它们的算法。（课件出示：14×2、14×12及相应的竖式，如下图）

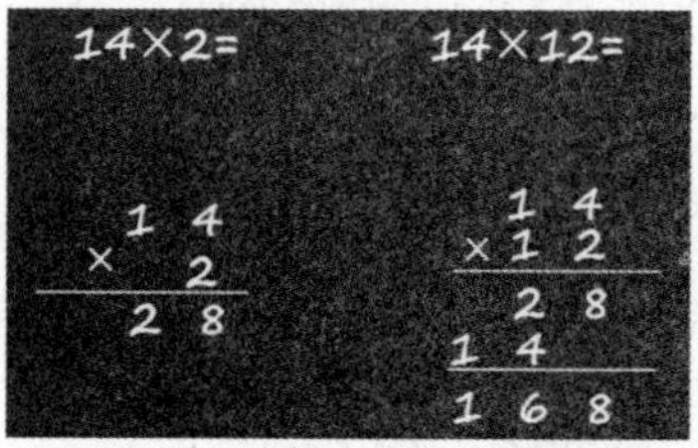

生：14×2先得到8个一，再得到2个十，最后相加等于28。

生：14×12是两位数乘两位数，先用个位上的2去乘14得到28个一，再用十位上的1去乘14得到14个十，最后再相加。

师：十位上的1去乘14得到14个十，所以这个4要写在——

生（众）：十位上。

师：那现在你能大胆地尝试计算三位数乘两位数吗？

学生独立尝试竖式计算，教师巡视。

设计意图：《九年义务教育数学课程标准（2011年版）》指出“教师教学应该以学生的认知发展水平和已有的经验为基础”，奥苏泊尔也认为，要把新知的学习建立在旧知的“锚桩”上，都是强调已有知识和经验对学习新知的作用。显然，学习三位数乘两位数笔算，从回忆两位数乘两位数笔算的算法和算理入手是明智之举。

二、学中启思

指名板书并说说计算过程。

生：先用第二个乘数个位上的2去乘283，得到566个一，再用第2个乘数十位上的1去乘283，得到283个十，最后再相加。

师：现在你们还有什么问题想问这位小老师？

生：最后为什么从千位上加起，不从个位加起？

生：为什么先算283×2？

……

师：566在题目里表示什么意思？

生：2 个人的钱。

生：283 个十表示什么？

生：10 个人的钱。

生：2 个人的钱和 10 个人的钱合起来表示什么？

生：12 个人的钱。

师：为什么 2830 在竖式里只出现 283？

生（众）：2830 的 0 被省略掉了。

师：是这样的吗？

生（七嘴八舌）：0 写的麻烦，可以去掉。

师：2830 表示——283 个十，所以 3 要与哪一位对齐？

生：十位。

教师在与孩子互动过程中，完善板书：

```
      283
  ×    12
  ─────────
      566  …… 2个人的团费
     283   …… 10个人的团费
  ─────────
     3396
```

师：计算的结果在你们估计的范围内吗？看来估算是检验计算结果是否错误的好办法。

设计意图：算理和算法是计算教学的两翼，二者不可偏废。算理是算法的依据，算法是算理的凝炼，学生掌握算法易，理解算理难。上述教学中，把算理理解与算式意义、计数单位结合起来，使深度学习真正发生。

三、练中评思

1. 基本练习，利于建模

师：带着 10 个好朋友继续前行，来到第 1 个景点，瞧，这是密室逃亡。一道门三个密码，三道算式的答案就是密码。（出示：12×222　375×24　203×53）

（学生独立完成后，教师展示收集的作业：先展示第 1 道和第 2 道的正确答案，再展示第 3 道的错误答案。）

```
   203
×   53
------
   609
  115
------
  1759
```

师：这样做对吗？说说你的理由。

生：我用估算的方法来判断它是错的。把 203 看作 200，53 看作 50，积大约是 10000。

师：会用估算的方法来判断，真好！那到底错在哪里呢？哪位同学上来订正？

学生上台订正，师追问：计算乘数中间有 0 的乘法时要注意什么？

回顾例题和三道题的计算方法，引导学生总结笔算三位数乘两位数的计算法则，并在例题旁边板书（如下图）。

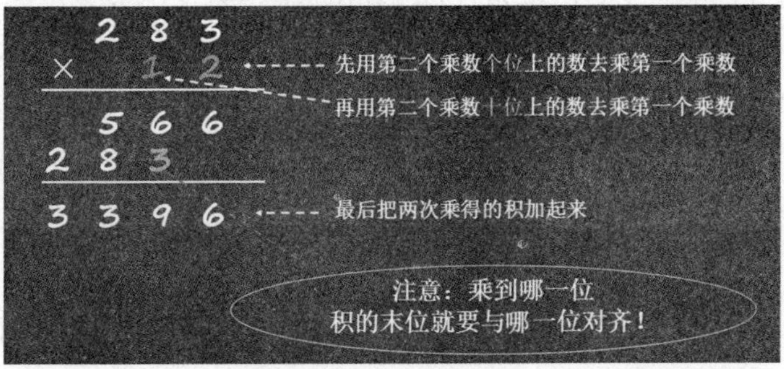

师：今天学习的三位数乘两位数，和我们以前学习的两位数乘两位数有什么相同的地方？

生：都是先用两位数个位上的数去乘三位数，得到多少个一，再用十位上的数去乘，得到多少个十，最后再相加。

设计意图：三位数乘两位数计算法则的概括、建模，需要借助具体的实例，而单一的实例不足以提供概括、建模的条件。学生经由一组形式类似、难度不等、算法相同的题目练习，内化了计算的方法，积累了活动经验之后，此时的概括、建模就有了丰富的实例支撑，可谓水到渠成。同时，适时与相关旧知进行比较，把新知纳入学生已有的认知结构之中，减轻了学生的认知负荷，促进了学生的深度理解。

2. 变式练习，发展思维

师：找到了密码，让我们继续前行。眼前出现了 4 条道路，我们到底选择哪一条路呢？闯关秘籍就在这路标上。(如下图)

1□3×□1，请利用 60 秒时间，同桌合作选择正确路线。

生$_1$：我把第一个数想象成 103，看作 100，第二个数想象成 11，看作 10。积最小是 1000，所以把 453 选项 pass。

生$_2$：我把第一个数想象成 193，看作 200，第二个数想象成 91，看作 100。这时候积最大，大约 20000，所以去掉 50003 选项。

生$_3$：个位 3 和 1 相乘，积的个位一定是 3，所以要把 3231 选项 pass。

师：是的，我们在计算的时候，可以先通过估算，锁定积在什么范围内。然后可以用个位相乘的方法，确定个位是几，这样通过逐个排除就可以解决问题。

设计意图：计算技能的形成离不开练习，而单调、枯燥的计算操练为学生所厌烦。教学中以“密室逃亡”串起基本练习和变式练习，既有趣，又启智。一组基本练习题，利于学生概括运算法则，建立计算模型；一道变式练习题，发展了学生的批判性、反思性等高阶思维。

四、理中反思

师：今天我们学习了三位数乘两位数，猜猜以后还会学几位数乘几位数？

生（你一言，我一语）：四位数乘三位数，四位数乘四位数，五位数乘四位数……

师：非常遗憾地告诉大家，在我们的课本里，以后再也不会出现这些整数乘法计算了。你知道为什么吗？

生：没有挑战性了。

生：算法都是一样的。

师：什么意思？

生：三位数乘两位数竖式中是两层“楼”，四位数乘三位数只不过多了一层“楼”。（教师课件直观演示）

生：我知道了，五位数乘四位数多了两层“楼”……

师：你们真是太会思考了！

设计意图：数学知识的教学，不能“掐头去尾烧中段”，既要“瞻前”又要“顾后”，正如《九年义务教育数学课程标准》（2011年版）中所述，要注重知识的“生长点”与“延伸点”，使每堂课教学的知识置于整体知识的体系中。上述教学，着眼知识体系，在想象中比较，在比较中沟通，在沟通中迁移，有效地打通了新知与旧知、已学与未学的联系，形成了可以迁移的认知结构、便于调用的知识组块。

五、拓中延思

出示：

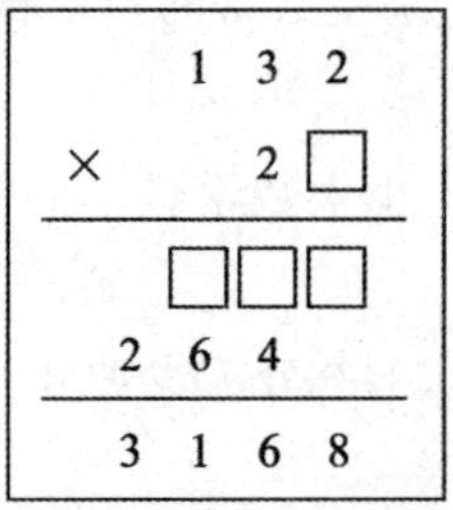

设计意图：培养学生逆向思维以及创新思维能力。

总之，本节课，教师紧紧围绕“构建为学生思维发展而教的课堂教学实践研究”展开教学，较好达成了研究内容：1. 构建以思为主线的教学模式，处理好导中激思—学中启思—练中评思—理中反思—拓中延思的关系；2. 教师创设“优势思维兴奋中心”，激发求知欲望。注重问题导学，提高学生思维效度，让学生有根据、多角度、有深度地思考问题，拓展思维路径，创新学习方式、加强思维训练，形成能力结构并建立思维模式，提升学生思维品质。

参考文献

[1] 王凌. 对“以学定教”的解读 [J]. 江苏教育，2013.（7—8）

[2] 邱廷建. 如何培养学生的思维能力 [J]. 小学教学研究，2016.（6）

[3] 贲友林. 在思维中学会思维 [J]. 教育研究与评论，2016.（9）

[4] 卢清荣. 在语言转换中构建竖式计算模型 [J]. 教育研究与评论，2016.（9）

[5] 吴维芸. 也谈数学阅读能力的培养 [J]. 教育研究与评论，2017.（5）

[6] 余夕凯. 数学语言：发展数学核心素养的基石 [J]. 教育研究与评论，2017.（6）

[7] 刘娟娟. 数学思考：学生必备的数学核心素养 [J]. 教育研究与评论，2017.（6）

[8] 毛新薇. 数学史融入小学数学教学的实践 [J]. 教育研究与评论，2018.（2）

[9] 孙媛媛. HPM 微课：让学生与数学史深度“遇见” [J]. 教育研究与评论，2018.（2）

[10] [美] 约翰·杜威. 我们如何思维 [M]. 伍中友译. 北京：新华出版社，2014.

[11] 张兴华. 儿童学习心理与小学数学教学 [M]. 南京：江苏教育出版社，2012.

[12] 周玉仁. 优化小学数学教学文集 [M]. 福州：福建教育出版社，1993.

[13] 卢清荣. 在语言转换中构建竖式计算模型 [J]. 教育研究与评论，

2016.（9）.

［14］王珍.“简约·智慧”数学教学［M］. 福州：福建教育出版社，2014.

［15］许贻亮. 小学数学“通融课堂”的教学实践［M］. 福州：福建人民出版社，2019.

［16］郅庭瑾. 为思维而教［M］. 北京：教育科学出版社，2017.

［17］丁昌桂. 名教师是写出来的［M］. 南京：江苏凤凰教育出版社，2015.

［18］杨庆余，俞耀明，孔企平. 现代数学思想方法［M］. 贵阳：贵州人民出版社，1997.

［19］王永春. 小学数学与数学思想方法［M］. 上海：华东师范大学出版社，2015.

［20］邱学华. 邱学华怎样教小学数学［M］. 北京：中国林业出版社，2007.

［21］成尚荣等. 学会数学地思维［M］. 江苏：江苏教育出版社，2001.

［22］苏霍姆林斯基. 给教师的建议［M］. 北京：教育科学出版社，2011.

［23］余文森，成尚荣. 教学主张与名师成长［M］. 福州：福建教育出版社，2017.

［24］郑毓信. 新数学教育哲学［M］. 上海：华东师范大学出版社，2015.

［25］俞正强. 种子课——一个数学特级教师的思与行［M］. 北京：教育科学出版社，2015.

［26］余文森. 一位教育学教授的听课评课与教学断想［M］. 福州：福建教育出版社，2011.

［27］钟建林等. 写作并非难事［M］. 北京：教育科学出版社，2012.

［28］余文森. 有效教学十讲［M］. 上海：华东师范大学出版社，2009.

［29］斯苗儿. 小学数学课堂教学案例透视［M］. 北京：人民教育出版社，2003.

［30］吴正宪. 吴正宪数学教学教例与教法［M］. 北京：人民日报出版

社，1998.

[31] 钱阳辉等. 学会数学地思维——小学数学教学案例解读 [M]. 南京：江苏教育出版社，2001.

[32] 孙俊勇. 谈数学阅读 [J]. 基础教育课程，2020. (1).

[33] 蒋太金. 直观想象：赋予儿童数学思考的力量 [J]. 江苏教育，2020. (4).

[34] 许冰彬. 数学反思力：引导儿童数学的数学学习走向深刻 [J]. 江苏教育，2020. (1).

[35] 郑毓信. 从“数学表达能力的培养”到“深度教学” [J]. 教育视界，2020. (2).

[36] 朱国军等. 开展数学深度教学助力学生思维进阶 [J]. 江苏教育，2020. (5).

[37] 张齐华. 数学学习需要反思 [J]. 教育研究与评论，2020. (4).

后 记

一路走来，我始终怀着感恩之心。

《指向为思维而教的数学教学》一书终于付梓，感恩之心油然而生。

感恩福建省第二届名师培养工程提供的平台与契机；

感恩余文森教授的多方指导与教诲；

感恩名师班多位班主任的精心策划与指导；

感恩名师团队导师的面授与激励；

感恩名师班优秀同学的熏陶与鞭策；

感恩名师工作室伙伴们的同行与努力；

感恩同事的支持与鼓励；

感恩家人的付出与理解。

……

三年前，我有幸成为福建省第二届名师培养人选，在三年多的名师培养学习中，提炼教学主张是我们每个名师培养人选的必修课。然而如何提炼属于自己风格的教学主张，却深深地困扰着我，同时也鞭策、倒逼着我，以此为突破口，引领自己不断学习、思考、反思、感悟、总结、突破、提升。在余文森教授多次策划组织的导师团的精心指导、点拨、启发下，在优秀同学已经出炉的教学主张的感染下，我结合三十多年的教学经验与体悟，逐渐明晰、理清自己长期坚守流淌于课堂教学以发展学生思维为目标的教育教学思想，由此，一锤定音，敲定了教学主张——为思维而教。

数学是思维的体操。苏霍姆林斯基说，要培养孩子的智力，你就得给他们思考的空间。“为思维而教”注重以数学思考为主线，为学生提供足够思考的时间、空间，注重长时间培养学生思考问题习惯的养成，以此促发学生的思维由低阶向高阶挺进。“为思维而教”与时下倡导的深度教学、深度学习相遇相知相融，与时俱进，又凸显学科核心素养。

《指向为思维而教的数学教学》一书，围绕“为思维而教”是什么、教什么、怎么教三个问题逐一展开，把多年来我发表于各类杂志的部分文章以及在名师班学习中的一些感悟，串成线、联成篇，呈现于诸方家之案前。这本书是对我多年来所教、所读、所思的一次梳理与反思，虽很稚嫩、粗糙，却是我的第一次尝试，是用心、用情、用爱的结晶。我深知，由于自己才疏学浅，书中不足、浅薄之处还有不少，敬请各位方家指点、斧正。

一个人可以走得很快，一群人可以走得很远。“为思维而教”是数学学科特质决定的，是时代创新发展的诉求。我们的团队已出发，正行走在路上，希望在路上能遇见更多有识之士，携手抱团前行，驶向思维的远方。我们期待！

夏　忠

2020 年 7 月 21 日